Tributação setorial

volume 2

Central de Qualidade — FGV Management
ouvidoria@fgv.br

PUBLICAÇÕES
FGV Management

SÉRIE DIREITO TRIBUTÁRIO

Tributação setorial

volume 2

Sérgio Guerra
Joaquim Falcão
Rafael Almeida
Organizadores

FGV | DIREITO RIO
EDITORA
IDE

Direitos desta edição reservados à
EDITORA FGV
Rua Jornalista Orlando Dantas, 37
22231-010 | Rio de Janeiro, RJ | Brasil
Tels.: 0800-21-7777 | 21-3799-4427
Fax: 21-3799-4430
editora@fgv.br | pedidoseditora@fgv.br
www.fgv.br/editora

Impresso no Brasil | *Printed in Brazil*

1ª edição – 2018

Preparação de originais: Sandra Frank
Editoração eletrônica: FA Studio
Revisão: Aleidis de Beltran | Fatima Caroni
Capa: aspecto:design

Ficha catalográfica elaborada pela
Biblioteca Mario Henrique Simonsen/FGV

Tributação setorial, v.2 / Organizadores: Sérgio Guerra, Joaquim Falcão, Rafael Almeida. – Rio de Janeiro : FGV Editora, 2018.
188 p. – (Direito tributário (FGV Management))

Publicações FGV Management.
Inclui bibliografia.
ISBN: 978-85-225-1978-1

1. Direito tributário. 2. Petróleo – impostos. 3. Telecomunicações – impostos. I. Guerra, Sérgio, 1964- . II. Falcão, Joaquim, 1943- . III. Almeida, Rafael. IV. Fundação Getulio Vargas. V. FGV Management. VI. Série.

CDD – 341.39

Nossa missão é construir uma Escola de Direito referência no Brasil em carreiras públicas e direito empresarial, formando lideranças para pensar o Brasil no longo prazo e ser referência no ensino e na pesquisa jurídica para auxiliar o desenvolvimento e o avanço do país.

FGV DIREITO RIO

Sumário

Apresentação

Aliada à credibilidade de mais de meio século de excelência no ensino de economia, administração e de outras disciplinas ligadas à atuação pública e privada, a Escola de Direito do Rio de Janeiro da Fundação Getulio Vargas – FGV DIREITO RIO – iniciou suas atividades em julho de 2002. A criação dessa nova escola é uma estratégia da FGV para oferecer ao país um novo modelo de ensino jurídico capaz de formar lideranças de destaque na advocacia e nas carreiras públicas.

A FGV DIREITO RIO desenvolveu um cuidadoso plano pedagógico para seu Programa de Educação Continuada, contemplando cursos de pós-graduação e de extensão. O programa surge como valorosa resposta à crise do ensino jurídico observada no Brasil nas últimas décadas, que se expressa pela incompatibilidade entre as práticas tradicionais de ensino do direito e as demandas de uma sociedade desenvolvida.

Em seu plano, a FGV DIREITO RIO assume o papel de formar profissionais preparados para atender às reais necessidades e expectativas da sociedade brasileira em tempos de globalização. Seus cursos reforçam o comprometimento da escola em inserir no mercado profissionais de direito capazes de lidar com áreas interdisciplinares, dotados de uma visão ampla das questões jurídicas e com sólidas bases acadêmica e prática.

A Série Direito Tributário é um importante instrumento para difusão do pensamento e do tratamento dado às modernas teses e questões discutidas nas salas de aula dos cursos de MBA e de pós-graduação, focados no direito tributário, desenvolvidos pela FGV DIREITO RIO.

Dessa forma, esperamos oferecer a estudantes e advogados um material de estudo que possa efetivamente contribuir para seu cotidiano profissional.

Introdução

Este volume, dedicado ao estudo da tributação setorial, tem origem em profunda pesquisa e sistemática consolidação dos materiais de aula acerca de temas que despertam crescente interesse no meio jurídico e reclamam mais atenção dos estudiosos do direito. A intenção da FGV DIREITO RIO é tratar de questões atuais sobre o tema, aliando a dogmática e a pragmática jurídicas.

A obra trata, de forma didática e clara, dos conceitos e princípios da tributação sobre patrimônio, analisando as questões em face das condições econômicas do desenvolvimento do país e das discussões recentes sobre o processo de reforma do Estado.

O material aqui apresentado abrangerá assuntos relevantes, como:

1) Telecom;
2) petróleo.

Em conformidade com a metodologia da FGV DIREITO RIO, cada capítulo conta com o estudo de *leading cases* para auxiliar na compreensão dos temas. Com ênfase em casos práticos, pretendemos oferecer uma análise dinâmica e crítica das normas vigentes e sua interpretação.

Esperamos, assim, fornecer o instrumental técnico-jurídico para os profissionais com atuação ou interesse na área, visando fomentar a proposição de soluções criativas para problemas normalmente enfrentados.

1 Telecom

Roteiro de estudo

Histórico das telecomunicações no Brasil

Em 1855, com a instalação da primeira linha telegráfica entre as cidades do Rio de Janeiro e Petrópolis, d. Pedro II deu início ao desenvolvimento das telecomunicações no Brasil, tendo o constituinte de 1934 e 1937 concedido à União Federal a competência exclusiva para sua exploração e outorga aos particulares.

É interessante notar que as cartas constitucionais acima referidas não fizeram menção ao serviço de telefonia, o que só veio a ocorrer na Constituição de 1946. De fato, no art. 5º, XII, o constituinte de 1946 manteve a competência exclusiva da União Federal para explorar (diretamente ou mediante outorga) os serviços telegráficos e, em paralelo, atribuiu ao referido ente a competência para explorar os serviços telefônicos *em caráter interestadual e internacional*. Este último dado é digno de nota: a Constituição não centralizou a competência sobre os serviços telefônicos na figura da União, que ficou restrita às modalidades acima indicadas, tendo-se atribuído a competência sobre os de natureza intermunicipal e intramunicipal aos estados e municípios, respectivamente (art. 18, § 1º, e art. 28).

Essa descentralização, contudo, trouxe uma série de problemas para o desenvolvimento do setor de telecomunicações no país, pois, como todos os entes federados estavam livres para conceder o direito de exploração dentro do âmbito de suas competências, não havia qualquer padronização tecnológica e estrutural entre as redes instaladas, o que dificultava sobremaneira a realização de ligações de longas distâncias.

Em face desses graves problemas, foi necessária uma mudança na estratégia de desenvolvimento das telecomunicações, o que veio a ocorrer com a promulgação do Código Brasileiro de Telecomunicações (CBT – Lei nº 4.117, de 27 de agosto de 1962), que buscou centralizar novamente na figura da União a exploração dos serviços em questão. Para tanto, foi criado o Sistema Nacional de Telecomunicações (SNT), formado por redes que deviam se adequar às mesmas normas técnicas e condições de tráfego de mensagens; o Conselho Nacional de Telecomunicações (Contel), que, entre outras atribuições, devia elaborar o *plano nacional de telecomunicações*; e o Fundo Nacional de Telecomunicações (FNT), composto basicamente por recursos advindos de uma sobretarifa nas contas telefônicas, destinado a custear o desenvolvimento das telecomunicações em nosso país.

Evidentemente que o CBT, por se tratar de lei ordinária, não teve o condão de alterar a repartição de competências acerca dos serviços telefônicos que se encontrava definida pela Carta de 1946. De todo modo, promoveu importante alteração ao impor à União o dever de fiscalizar as outorgas realizadas pelos estados e municípios, que ficaram subordinados às regras editadas pelo Contel.

Influenciado por essa tendência centralizadora do CBT, o constituinte de 1967 delegou à União a competência exclusiva para a exploração dos serviços de telecomunicações. Em decorrência disso, foi criada, em 1972, a *holding* Telecomunicações Brasileiras S/A (Telebras),[1] que estabeleceu uma empresa polo em todas as unidades da Federação, que deram início a um amplo processo de incorporação das operadoras locais e regionais, até que se formasse uma única empresa estatal (vinculada ao Sistema Telebras)[2] em cada estado ou território brasileiro.[3]

Todas essas mudanças contribuíram para que o Brasil, nos anos seguintes, apresentasse melhoras significativas nos serviços de telecomunicações, e possibilitaram não só um aumento expressivo no número de telefones fixos como elevaram a qualidade dos serviços prestados.

Esse, portanto, era o cenário verificado antes da Constituição de 1988. Com o advento da nova ordem constitucional, a tendência centralizadora se manteve, já que, por meio do art. 21, XI, o constituinte concentrou toda a exploração dos serviços de telecomunicações na figura da União, a qual podia fazê-lo diretamente ou mediante concessão a empresas sob controle estatal. Veja-se a redação do dispositivo:

> Art. 21. Compete à União Federal:
>
> [...]
>
> XI - explorar, diretamente ou mediante concessão a empresas sob controle acionário estatal, os serviços telefônicos, tele-

[1] Lei nº 5.792, de 11 de julho de 1972, regulamentada pelos decretos nºs 70.913/1972 e 74.379/1974.

[2] A Embratel, que operava o telex, a transmissão de dados e a telefonia de longa distância, foi integrada à nova *holding*.

[3] Registre-se que algumas companhias, contudo, se mantiveram independentes do Sistema Telebras: as Centrais Telefônicas de Ribeirão Preto (Ceterp); a Sercomtel; a Companhia Riograndense de Telecomunicações (CRT); e a CTBC Telecom. Como estas operavam com exclusividade em suas áreas de atuação, não conflitavam com as operadoras da Telebras.

> gráficos, de transmissão de dados e demais serviços públicos de telecomunicações, assegurada a prestação de serviços de informações por entidades de direito privado através da rede pública de telecomunicações explorada pela União.

No entanto, em função da falta de investimentos públicos no setor, especialmente no início da década de 1990, a prestação dos serviços de telecomunicações no país (sobretudo os de telefonia) parou no tempo. Vale dizer, por exemplo, que existia um mercado paralelo para a compra ou aluguel de linhas telefônicas, visto que o processo de aquisição por meio dos planos de expansão estatais chegava a demorar anos.

Diante desse cenário, passou-se a discutir no país a quebra do monopólio federal, o que acabou culminando, em 15 de agosto de 1995, na promulgação da Emenda Constitucional (EC) nº 8, que alterou a redação do inciso XI do art. 21 da Constituição Federal para autorizar a União a conceder outorgas para exploração dos serviços de telecomunicação, desde que fosse editada lei dispondo sobre a organização dos serviços e a criação de um órgão regulador – o que só veio a ocorrer em 1997 com a edição da Lei nº 9.472, mais conhecida como Lei Geral de Telecomunicações (LGT), responsável pela criação da Agência Nacional de Telecomunicações:

> Art. 21. Compete à União Federal:
>
> [...]
>
> XI - explorar, diretamente ou mediante autorização, concessão ou permissão, os serviços de telecomunicações, nos termos da lei, que disporá sobre a organização dos serviços, a criação de um órgão regulador e outros aspectos institucionais.

É importante ressaltar, nesse ponto, que a EC nº 8/1995 também procedeu à alteração da alínea "a" do inciso XII do art.

21 da Carta Magna,[4] segregando os serviços de telecomunicações dos serviços de radiodifusão sonora e de sons e imagens. Com efeito, de acordo com a redação anterior do dispositivo,[5] a União podia explorar, diretamente ou mediante outorga, "os serviços de radiodifusão sonora de sons e imagens e demais serviços de telecomunicações". Após a alteração constitucional, a expressão "e demais serviços de telecomunicações" foi retirada do dispositivo, o que implicou uma separação das referidas espécies de serviços.

Segundo André Mendes Moreira,[6] tal segregação foi de vital importância, uma vez que os serviços de telecomunicações e os serviços de radiodifusão apresentam diferenças (principalmente no tocante às regras de concessão) que, definitivamente, não recomendam um tratamento uniforme.

Em relação aos serviços de radiodifusão, a LGT respeitou a segregação contida na nova redação do art. 21 da CF/1988, pois excluiu da jurisdição da recém-criada Agência Nacional de Telecomunicações (Anatel) a outorga dos citados serviços, os quais permaneceram sob a tutela do Ministério das Comunicações (art. 211)[7] e submetidos ao antigo Código Brasileiro de Telecomunicações (Lei nº 4.117/1962). Ficou a cargo da Anatel apenas a fiscalização dos aspectos técnicos inerentes à prestação

---

[4] CF/1988: "Art. 21. Compete à União: [...] XII - explorar, diretamente ou mediante autorização, concessão ou permissão: a) os serviços de radiodifusão sonora, e de sons e imagens".

[5] CF/1988: "Art. 21. Compete à União: [...] XII - explorar, diretamente ou mediante autorização, concessão ou permissão: a) os serviços de radiodifusão sonora, e de sons e imagens e demais serviços de telecomunicações".

[6] MOREIRA, André Mendes. *A tributação dos serviços de comunicação*. 2. ed. São Paulo: Noeses, 2016. p. 22.

[7] Lei nº 9.472/1997: "Art. 211. A outorga dos serviços de radiodifusão sonora e de sons e imagens fica excluída da jurisdição da Agência, permanecendo no âmbito de competências do Poder Executivo, devendo a Agência elaborar e manter os respectivos planos de distribuição de canais, levando em conta, inclusive, os aspectos concernentes à evolução tecnológica. Parágrafo único. Caberá à Agência a fiscalização, quanto aos aspectos técnicos, das respectivas estações".

dos serviços de radiodifusão, além dos planos de distribuição de canais.

Assim, com a quebra do monopólio federal e a privatização do setor, o Brasil finalmente retomou os investimentos e o setor de telecomunicações virou um dos grandes responsáveis pelo desenvolvimento nacional nos últimos 20 anos.

O ICMS-Comunicação

O imposto sobre operações relativas à circulação de mercadorias e sobre prestações de serviços de transporte interestadual e intermunicipal e de comunicação (ICMS) é, indubitavelmente, a exação responsável pela maior geração de receitas no território nacional e, como não poderia deixar de ser, a mais problemática dentro do sistema tributário orquestrado pela Constituição Federal de 1988.

Tal "problemática" está em grande parte associada com o fato de a Carta Magna ter delegado a competência para arrecadação e fiscalização do ICMS não à União Federal, mas sim aos estados-membros, o que acabou gerando um federalismo competitivo, guerras fiscais internas, problemas de origem e destino e uma legislação extremamente complexa (na medida em que existem 27 entes federativos com titularidade para instituí-lo dentro dos seus respectivos territórios).

E essa constatação se torna ainda mais grave quando se verifica que o atual ICMS, levando-se em consideração o sistema tributário posto na Carta de 1967, com as alterações dadas pela Emenda Constitucional nº 1/1969, contempla os fatos geradores: (1) do antigo ICM (que tributava operações de venda de mercadorias); (2) dos impostos únicos federais sobre energia elétrica, minerais, combustíveis e lubrificantes líquidos e gasosos; (3) dos impostos federais sobre prestações de serviços de transporte e comunicações; (4) do imposto sobre serviços de qualquer natureza, de competência municipal, na parte relativa à tributação dos serviços locais de comunicação.

A reunião de diversas exações em um só tributo vem gerando inúmeras discussões tanto na doutrina, quando na jurisprudência, haja vista que os fatos geradores unificados têm regimes jurídicos próprios, cada um com suas particularidades. Entre eles, pode-se afirmar que o ICMS-Comunicação, por derivar do antigo imposto federal sobre serviços de comunicação, que somente foi instituído em 1984, é hoje um dos principais alvos de estudos acadêmicos, inclusive porque a evolução tecnológica trouxe discussões até pouco tempo impensáveis sobre seu campo de incidência.

A definição do fato gerador do ICMS-Comunicação: prestação de serviço de comunicação

Eis o que dispõe o art. 155, II, da Carta Magna, acerca do âmbito de incidência do ICMS-Comunicação:

> Art. 155. Compete aos Estados e ao Distrito Federal instituir impostos sobre:
>
> [...]
>
> II - operações relativas à circulação de mercadorias e sobre prestações de serviços de transporte interestadual e intermunicipal e de comunicação, ainda que as operações e as prestações se iniciem no exterior (redação dada pela EC nº 03/93).

Da leitura do dispositivo, extrai-se que o imposto incide sobre a "prestação de serviços de comunicação", expressão essa que precisa ser analisada de forma pormenorizada, pois se faz necessário elucidar tanto o conceito de "prestação de serviços", quanto do termo "comunicação", os quais nos darão os contornos do seu fato gerador.

Pois bem. Por "prestação de serviço", deve-se entender a execução de uma obrigação de fazer em favor de um terceiro, contratada mediante remuneração.[8] Essa definição pode ser facilmente extraída do teor do art. 594 do Código Civil de 2002,[9] que deixou expressamente consignado que "toda espécie de serviço ou trabalho lícito, material ou imaterial, pode ser contratado mediante retribuição".

Nesse sentido, as palavras de Orlando Gomes:[10]

> O contrato de prestação de serviços regulado tipicamente no Código Civil de 2002 (correspondente àquilo que o autor denomina prestação de serviços *stricto sensu*) é todo aquele que tenha por objeto a prestação de um serviço (em sentido amplo) e não esteja sujeito às leis trabalhistas ou à lei especial. Sob essa denominação, designa-se o contrato mediante o qual uma pessoa se obriga a prestar um serviço a outra, eventualmente, em troca de determinada remuneração, executando-os com independência técnica e sem subordinação hierárquica.

Já para a definição do termo "comunicação", algumas considerações precisam ser feitas.

Primeiramente, tem-se que a comunicação pode ser entendida como a transmissão de uma mensagem de um ponto a outro, com a preservação de sentido da mesma. É o que nos

[8] Conforme já entendeu o Supremo Tribunal Federal, o conceito de serviço pressupõe a existência de uma obrigação de fazer (ou seja, de uma atividade laboral) em favor de terceiro, não podendo ser confundido com simples obrigação de dar (Brasil. Supremo Tribunal Federal. Segunda Turma. RE nº 446.003 AgR/PR. Relator: ministro Celso de Mello. Julgamento em 30 de maio de 2006. *DJ*, 4 ago. 2006).

[9] CC/2002: "Art. 594. Toda a espécie de serviço ou trabalho lícito, material ou imaterial, pode ser contratada mediante retribuição".

[10] GOMES, Orlando. *Contratos*. 26. ed. Rio de Janeiro: Forense, 2008. p. 354.

ensina Paulo de Barros Carvalho,[11] ao afirmar que o processo de comunicação compreende cinco elementos, quais sejam: (1) o *emissor*, que é a origem da mensagem; (2) o *canal*, que é o meio utilizado para transmissão da mensagem; (3) a *mensagem*, que nada mais é do que a informação transmitida de um ponto a outro; (4) o *código*, que é representado pelo conjunto de signos e sinais que formam a mensagem; e, por fim, (5) o *receptor*, que é o destinatário da mensagem.

Nota-se que a comunicação existirá mesmo que o destinatário da mensagem não a compreenda. Ou seja, ainda que haja um prejuízo na interação entre emissor e receptor, se todos os elementos acima estiverem presentes, a relação comunicativa restará instaurada.[12]

Contudo, a mera existência de um processo comunicacional não é suficiente para atrair a incidência do ICMS. Em outras palavras, a comunicação isoladamente considerada (como uma conversa entre amigos, por exemplo), sem que haja a intervenção de terceiros, não tem qualquer relevância para este livro. Isso porque o termo "comunicação" inserido no art. 155, II, da Carta Magna pressupõe a intermediação de mensagens entre dois ou mais pontos por um terceiro, que, em caráter comercial, irá disponibilizar ao emissor e ao receptor a infraestrutura necessária. Esse ponto é fundamental.

Para que haja incidência do ICMS, é preciso que o prestador efetivamente transporte uma mensagem de um ponto a outro,

[11] CARVALHO, Paulo de Barros. Não incidência do ICMS na atividade dos provedores de acesso à internet. In: TORRES, Heleno Taveira (Coord.). *Direito tributário das telecomunicações*. São Paulo: IOB Thomson, 2004. p. 490-491.

[12] "Na comunicação torna-se necessária a participação de elementos específicos (emissor, mensagem, canal e receptor), podendo ocorrer (ou não) a compreensão pelo destinatário" (MELO, José Eduardo Soares de. *Imposto sobre serviço de comunicação*. 2. ed. São Paulo: Malheiros, 2003. p. 67-68).

utilizando-se de uma infraestrutura apta para tanto. Essa postura "ativa" do prestador é essencial para que fique configurada uma verdadeira prestação de serviço de comunicação. É o que nos ensina Humberto Ávila, ao afirmar que

> o fato gerador do ICMS-Comunicação só surge quando houver um ato ou negócio jurídico (prestação) que tenha por objeto o esforço humano empreendido em benefício de outrem (serviço) com a finalidade de criar interação entre emissor e receptor determinado a respeito de uma mensagem (comunicação). Sem esses elementos, não surge a referida competência estadual.[13]

Tal constatação encontra-se em perfeita conformidade com o que dispõe o art. 2º, III, da Lei Complementar (LC) nº 87/1996, que contempla as diretrizes gerais do imposto a serem observadas por todos os estados da Federação:

> Art. 2º. O imposto incide sobre:
> [...]
> III - prestações onerosas de serviços de comunicação, por qualquer meio, inclusive a geração, a emissão, a recepção, a transmissão, a retransmissão, a repetição e a ampliação de comunicação de qualquer natureza.

Percebe-se, com hialina clareza, que o legislador infraconstitucional, ao descrever os fatos sobre os quais os estados podem instituir a cobrança do ICMS-Comunicação, exigiu atos e prestações ativas, condizentes com o efetivo transporte de sinais por qualquer meio. Os próprios termos empregados no

[13] ÁVILA, Humberto. Parecer jurídico datado de 20 de novembro de 2015. Elaborado a partir de consulta formulada pelo Sindicato Nacional das Empresas de Telefonia e de Serviço Móvel Celular e Pessoal acerca da incidência do ICMS-Comunicação sobre assinatura telefônica sem franquia de minutos, por ocasião da repercussão geral no Agravo em Recurso Extraordinário nº 782.749/RS.

antecedente normativo reforça o entendimento ao qual se quer chegar,[14] vale dizer, de que o imposto estadual somente incide quando há um negócio jurídico oneroso destinado à transmissão, recepção, ampliação, repetição, enfim, à transmissão de sinais por quaisquer meios.[15]

Além disso, vê-se que o referido dispositivo da LC nº 87/1996 utilizou o termo "onerosas" ao descrever o fato gerador do ICMS (ou seja, o imposto só gravará serviços de comunicação executados mediante a exigência de um preço dos usuários), o que deixa ainda mais evidente o caráter comercial da atividade apta a atrair a incidência da exação.

Uma vez esclarecidos os contornos do fato gerador do ICMS-Comunicação, vale mencionar que ele se materializará, por expressa determinação constitucional, tanto na hipótese de serviços prestados no país quanto no caso de serviços iniciados no exterior e aqui finalizados (conforme dispõe o inciso II do art. 155) e no caso de serviços executados inteiramente no exterior para destinatários localizados no país, conforme estipula o art 155, § 2º, IX, "a", da CF/1988:

> Art. 155. [...].
>
> [...]
>
> § 2º. O imposto previsto no inciso II atenderá ao seguinte:
>
> [...]
>
> IX - incidirá também:
>
> [...]

---

[14] No mesmo sentido, vale conferir o que dispõe a Lei nº 9.472/1997, ao definir o conceito de "telecomunicação": "Art. 60. [...] § 1º. Telecomunicação é a transmissão, emissão ou recepção, por fio, radioeletricidade, meios ópticos ou qualquer outro processo eletromagnético, de símbolos, caracteres, sinais, escritos, imagens, sons ou informações de qualquer natureza".

[15] RABELO FILHO, Antonio Reinaldo; ROMANO, Ana Carolina Magliano Ribeiro. A exigência do ICMS-Comunicação sobre o serviço de assinatura em franquia. In: RABELO FILHO, Antonio Reinaldo (Coord.). *Tributação e telecomunicações*. São Paulo: Quartier Latin, 2016. p. 43.

> a) sobre a entrada de bem ou mercadoria importados do exterior por pessoa física ou jurídica, ainda que não seja contribuinte habitual do imposto, qualquer que seja a sua finalidade, assim como *sobre o serviço prestado no exterior, cabendo o imposto ao Estado onde estiver situado o domicílio ou o estabelecimento do destinatário* da mercadoria, bem ou serviço; [redação dada pela EC nº 33/2001, grifo nosso].

Todavia, apesar de ter sido ampla a atribuição de competência para os estados tributarem as prestações de serviços de comunicação, há alguns limites que precisam ser observados, ou seja, certas limitações constitucionais ao poder de tributar: são as chamadas imunidades, que estão previstas no art. 155, § 2º, X, "a" e "d", e § 3º, da CF/1988.

No que diz respeito às imunidades, existem três aplicáveis especificamente ao ICMS-Comunicação.

A primeira delas reside no art. 155, § 2º, X, "a", da Carta Magna (inserido pela EC nº 42/2003), que vedou a incidência do ICMS quando o serviço de comunicação for prestado por empresa brasileira para *destinatário situado no exterior*:

> Art. 155. [...].
> § 2º. O imposto previsto no inciso II atenderá ao seguinte:
> [...]
> X - não incidirá:
> [...]
> a) sobre operações que destinem mercadorias para o exterior, *nem sobre serviços prestados a destinatários no exterior*, assegurada a manutenção e o aproveitamento do montante do imposto cobrado nas operações e prestações anteriores; [redação dada pela EC nº 42/2003, grifo nosso].

Por conta dessa regra imunizante, sempre que uma operadora de telefonia localizada no exterior contratar uma operadora brasileira para prestar serviços de comunicação, não incidirá o ICMS. Isso ocorre, via de regra, quando a operadora do exterior precisa completar uma ligação telefônica feita por seu usuário para um ramal localizado no Brasil. Sem a utilização da rede da empresa brasileira, a operadora no exterior não conseguirá completar a chamada telefônica, fato que configurará uma "exportação de serviço", não podendo ser alvo da referida exação estadual.

Essa operação de exportação – que fica perfeitamente caracterizada pelo fato de a operadora brasileira prestar um serviço de comunicação para a operadora no exterior, no momento em que completa a ligação realizada pelo usuário desta – é denominada "tráfego entrante".

Situação inversa é a do chamado "tráfego sainte", em que uma operadora brasileira contrata uma operadora no exterior para completar a ligação efetuada por um usuário brasileiro. Nesse caso, estar-se-á importando um serviço de comunicação do exterior (posto que é executado em favor da operadora brasileira), de modo que não se aplicará a imunidade do art. 155, § 2º, X, "a", da CF/1988 e o ICMS incidirá normalmente.[16]

Feitas essas observações, cabe agora analisarmos a segunda norma imunizante referente ao ICMS-Comunicação, que se encontra prevista no art. 155, § 2º, X, "d", e diz respeito ao serviço de *radiodifusão sonora e de sons e imagens*:

> Art. 155. [...]
>
> § 2º. O imposto previsto no inciso II atenderá ao seguinte:
>
> [...]

[16] No *tráfego sainte*, há uma efetiva importação de serviço, na medida em que a empresa brasileira está tomando um serviço de comunicação da operadora no exterior. Esse serviço de comunicação é necessário para que a ligação telefônica realizada pelo usuário da operadora brasileira possa ser completada.

X - não incidirá:

[...]

d) nas prestações de serviço de comunicação nas modalidades de radiodifusão sonora e de sons e imagens de recepção livre e gratuita; [incluído pela EC nº 42/2003].

Como se vê, os serviços de radiodifusão, de recepção livre e gratuita, também estão imunes do pagamento do ICMS.[17] Poder-se-ia até questionar o sentido da imunidade acima se, como o próprio nome diz, a recepção do sinal é efetuada sem contraprestação financeira por parte dos telespectadores. No entanto, apesar de a gratuidade ser nota característica desse serviço, a imunidade se fez necessária após o Supremo Tribunal Federal, em alguns julgados,[18] ter indicado a possibilidade de se cobrar o ICMS sobre o serviço de radiodifusão, o qual acabaria se valendo dos valores recebidos a título de veiculação de anúncios publicitários como base de cálculo (pois são as únicas receitas que as empresas do ramo auferem regularmente).

[17] Cabe esclarecer, neste ponto, que não é necessário (para a configuração do fato gerador do ICMS) que a comunicação seja bidirecional, ou que os receptores das mensagens sejam identificados. De fato, durante algum tempo, parte da doutrina entendia que somente quando houvesse interação entre emissor e receptor, e quando esse último estivesse perfeitamente identificado, é que estaria configurada a relação comunicativa. Esse racional não procede. A maior prova disso é que o Supremo Tribunal Federal, quando se deparou com o serviço de radiodifusão sonora e de sons e imagens (televisão aberta), em que os receptores dos sinais não são identificados (qualquer um com uma antena pode captar o sinal disponibilizado pela empresa) e não há bidirecionalidade (o emissor e o telespectador não trocam mensagens entre si), acabou entendendo que se trata de serviço de comunicação apto a ser tributado pelo ICMS. Tanto é assim que foi necessária a atuação do constituinte derivado para imunizar o referido segmento do pagamento do imposto estadual (art. 155, X, "d", da CF/1988).

[18] Por exemplo: (1) BRASIL. Supremo Tribunal Federal. Pleno. Ação Direta de Inconstitucionalidade nº 773/RJ. Relator: ministro Gilmar Mendes. Julgamento em 20 de agosto de 2014. *DJe*, 30 out. 2014. (2) BRASIL. Supremo Tribunal Federal. Primeira Turma. Recurso Extraordinário nº 90.749/BA. Relator: ministro Cunha Peixoto. Julgamento em 15 de maio de 1979. *DJ*, 3 jul. 1979. (3) BRASIL. Supremo Tribunal Federal. Segunda Turma. Recurso Extraordinário nº 91.813/SP. Relator: ministro Cordeiro Guerra. Julgamento em 16 de setembro de 1980. *DJ*, 17 out. 1980.

Assim, para evitar a taxação de um serviço oferecido sem qualquer tipo de custo aos telespectadores, o constituinte derivado optou por inserir a citada alínea "d" no inciso X do § 2º do art. 155 da CF/1988.

Uma vez expostas essas questões, passa-se agora para a terceira (e última) imunidade específica do ICMS-Comunicação, a qual se encontra prevista no art. 155, § 3º, da CF/1988:

> Art. 155. [...]
>
> [...]
>
> § 3º. *À exceção dos impostos de que tratam o inciso II do* caput *deste artigo* e o art. 153, I e II, *nenhum outro imposto poderá incidir sobre operações relativas à energia elétrica, serviços de telecomunicações*, derivados de petróleo, combustíveis e minerais do País. [redação dada pela EC nº 33/2001, grifos nossos].

Originariamente, o mencionado dispositivo vedava a instituição de qualquer outro *tributo* (além do ICMS, II e IPI) sobre as atividades nele mencionadas. A partir da EC nº 33/2001, contudo, passou-se a impedir apenas a incidência de qualquer outro *imposto* sobre as mesmas.[19] Ou seja, a norma imunizante originária era mais ampla, pois a vedação alcançava não apenas os impostos, mas também os demais tipos de tributos, como taxas e contribuições. Por essa razão, as atividades de telecomunicação, além do ICMS, sofrem a incidência de contribuições, como a contribuição para o Fust, e de taxas, como a taxa de

[19] O art. 155, § 3º, da CF/1988 também autoriza a cobrança de imposto de importação e imposto de exportação sobre as operações nele mencionadas (relativas a energia elétrica, telecomunicações, derivados de petróleo, combustíveis e minerais). Contudo, o II e o IE incidem sobre importação e exportação de *mercadorias*, o que repele a cobrança dos mesmos sobre as telecomunicações (que são o resultado imaterial de uma prestação de serviço).

fiscalização e funcionamento (TFF) e a taxa de fiscalização e instalação (TFI), cobradas pela Anatel.

Note-se, ainda, que a imunidade do § 3º do art. 155 da CF/1988 é objetiva, ou seja, não abarca o imposto sobre a renda das empresas.

O fato gerador do ICMS-Comunicação, as atividades-meio e os serviços complementares

Conforme restou acima demonstrado, para que se configure o fato gerador do ICMS-Comunicação, é necessário que: (1) se esteja diante de uma efetiva "prestação de serviço" (ou seja, uma obrigação de fazer previamente contratada por um terceiro, mediante remuneração) e (2) haja uma "comunicação" envolvida, isto é, a transmissão de uma mensagem por determinado meio entre dois ou mais pontos.

Ou seja, o fato gerador do ICMS-Comunicação – previsto no art. 155, II, da CF/1988 e no art. 2º, III, da LC nº 87/1996 – somente se materializa quando um terceiro, por qualquer meio, propicia a intermediação de mensagens (ou dados) entre pessoas ou entre equipamentos (como computadores e servidores, por exemplo).

O ministro do Supremo Tribunal Federal, Dias Toffoli, no julgamento do Recurso Extraordinário nº 572.020/DF,[20] definiu muito bem o fato gerador do ICMS-Comunicação:

> Inicialmente, algumas considerações se fazem necessárias acerca do alcance da materialidade descrita no art. 155, II, da Constituição, regra de competência que permite a instituição de imposto sobre a prestação de serviços de comunicação. Observo que a

[20] BRASIL. Superior Tribunal de Justiça. Primeira Turma. Recurso Especial nº 402.047/MG. Relator: ministro Humberto Gomes de Barros. Julgamento em 4 de novembro de 2003. *DJ*, 9 dez. 2003.

> incidência válida da regra-matriz do ICMS-comunicação se dá apenas quando ocorre uma atividade remunerada, de caráter negocial, mediante a qual o prestador de serviço fornece condições materiais para que efetivamente se realize a comunicação entre emissor e receptor.

No entanto, para que haja a incidência do ICMS, é *conditio sine qua non* a ocorrência de *efetiva* prestação de serviço de comunicação, ou seja, de uma transmissão de mensagens entre dois ou mais pontos. Assim, se estivermos diante de simples colocação de meios à disposição do usuário para o estabelecimento da relação comunicativa (isto é, sem transmissão real de mensagens), não há que se falar no fato gerador da exação estadual.

Dessa forma, vê-se que a existência de simples atos de caráter preparatório ou acessório que tenham o condão de viabilizar ou otimizar a utilização de serviços de comunicação (como é o caso da habilitação, da instalação, da locação de equipamentos etc.) não é suficiente para que venha a se materializar o fato gerador do ICMS.

Fixadas essas premissas, outro ponto importante merece destaque, qual seja: apesar de os estados-membros terem competência para gravar qualquer espécie de serviço de comunicação, vê-se que, no atual cenário, há praticamente um único segmento do ramo das comunicações sendo onerado, qual seja, o das *tele*comunicações.

O conceito de "telecomunicação", segundo o § 1º do art. 60 da LGT, é a "a transmissão, emissão ou recepção, por fio, radioeletricidade, meios ópticos ou qualquer outro processo eletromagnético, de símbolos, caracteres, sinais, escritos, imagens, sons ou informações de qualquer natureza". Ou seja, tomando por base o referido dispositivo da LGT, poder-se-ia afirmar que prestar serviço de telecomunicação significa intermediar, com o uso de meios ou processos eletromagnéticos, a transmissão de mensagens entre dois ou mais pontos.

Contudo, o *caput* do mencionado art. 60 da LGT, ao estabelecer o conceito de "serviço de telecomunicações", apresenta uma redação dúbia e não autoriza de plano essa conclusão, conforme se pode observar:

> Art. 60. Serviço de telecomunicações é o conjunto de atividades que possibilita a oferta de telecomunicação.
> § 1º. Telecomunicação é a transmissão, emissão ou recepção, por fio, radioeletricidade, meios ópticos ou qualquer outro processo eletromagnético, de símbolos, caracteres, sinais, escritos, imagens, sons ou informações de qualquer natureza.

Com fundamento nesse dispositivo (que afirma que "serviço de telecomunicações é o conjunto de atividades que possibilita a oferta de telecomunicação"), os estados da Federação passaram a sustentar que as atividades de caráter meramente preparatório do serviço em questão estariam compreendidas na hipótese de incidência do ICMS. Em outras palavras, defendem os fiscos estaduais que o fato gerador da exação deveria ser interpretado amplamente, de modo a abranger outras atividades que não a simples intermediação de mensagens.

Sendo mais específico, o que se buscava era inserir na hipótese de incidência do ICMS-Comunicação as seguintes atividades executadas pelas operadoras em prol dos usuários (que, registre-se desde já, não tinham como objetivo qualquer transmissão de mensagens):

1) *atividades-meio*: são aquelas de caráter eminentemente administrativo executadas pelas operadoras, que visam apenas fornecer insumos para a prestação dos serviços de comunicação, como é o caso da habilitação, da locação de equipamentos, da mudança de número etc.;
2) *serviços complementares*: são aquelas atividades de caráter mais técnico, que visam otimizar um serviço de comunicação

preexistente, como é o caso da caixa postal, da transferência de chamadas (siga-me), chamada em espera etc.[21]

O tema foi analisado pela Primeira Seção do Superior Tribunal de Justiça, pela primeira vez, no ano de 2005, quando foi julgado o Recurso Ordinário em Mandado de Segurança nº 11.368/MT, que envolvia a incidência do ICMS-Comunicação sobre a habilitação de telefones celulares.[22] Em acórdão prolatado à unanimidade, o tribunal superior entendeu que a mera disponibilização de meios para assegurar ao usuário a possibilidade de fruição do serviço de telecomunicação não se confunde com sua efetiva prestação.[23] Em seu voto condutor, o relator afirmou que na habilitação de telefones não ocorre "qualquer serviço efetivo de telecomunicação, senão de disponibilização do serviço, de modo a assegurar ao usuário a possibilidade de usufruir do serviço de telecomunicações".

Tal entendimento foi sumulado em seguida:

> Súmula nº 350/STJ: O ICMS não incide sobre o serviço de habilitação de telefone celular.

Com a edição da referida súmula, restou pacificado, no âmbito do STJ, a não incidência do ICMS sobre a habilitação de telefones celulares, por se tratar de simples atividade preparatória. E, por óbvio, tal racional também se aplica aos serviços

[21] De acordo com o glossário de termos técnicos da Anatel, serviço suplementar (ou complementar) é aquele que "modifica ou suplementa um serviço básico (ou serviço principal) de telecomunicação", não podendo ser oferecido como serviço isolado, mas somente associado a um serviço de telecomunicação propriamente dito.

[22] Segundo o art. 3º, II, da Resolução da Anatel nº 73/1998, não constituem serviços de telecomunicação "a atividade de habilitação ou cadastro de usuário e de equipamento para acesso a serviços de telecomunicações".

[23] BRASIL. Superior Tribunal de Justiça. Primeira Seção. Recurso Ordinário em Mandado de Segurança nº 11.368/MT. Relator: ministro Francisco Falcão. Julgamento em 13 de dezembro de 2004. *DJ*, 9 fev. 2005.

complementares, os quais, assim como as atividades-meio, não visam transmitir qualquer tipo de mensagem, sendo apenas acessórios aos serviços de comunicação propriamente ditos.[24]

Esse entendimento, inclusive, vai ao encontro da Resolução Anatel nº 426/2005 – novo regulamento do serviço telefônico fixo comutado (STFC), conhecido como "telefonia fixa" –, que expressamente autoriza as empresas a oferecer aos usuários serviços acessórios, sem que venham a caracterizar novas modalidades de serviços de comunicação. Veja-se:

> Art. 63. Além da tarifa ou preço relativo ao STFC, a prestadora pode auferir receitas alternativas, complementares ou acessórias por meio de PUC,[25] sem caracterizar nova modalidade de serviço.

Ratificando esse posicionamento, a Primeira Seção do STJ, ao julgar o Recurso Especial nº 1.176.753/RJ[26] (na sistemática do art. 543-C do CPC/1973), afastou o imposto estadual não

---

[24] Acerca dos serviços complementares (ou "suplementares", como também são denominados), assim já se manifestou o STJ: "TRIBUTÁRIO. ICMS COMUNICAÇÃO. ATIVIDADE MEIO. NÃO INCIDÊNCIA. ENTENDIMENTO FIRMADO EM RECURSO REPETITIVO. RESPS PARADIGMAS 1.176.753/RJ E 816.512/PI. LOCAÇÃO DE APARELHO CELULAR. ATIVIDADE MEIO. SÚMULA 83/STJ. 1. A jurisprudência do STJ, firmada em recurso repetitivo (art. 543-C do CPC) no julgamento do REsp 1.176.753/RJ, Rel. Min. Mauro Campbell Marques, reiterou entendimento no sentido de que o ICMS somente incide sobre o serviço de telecomunicação propriamente dito, e não sobre as atividades meio e serviços suplementares. 2. Não incide ICMS sobre a locação de aparelho celular, por configurar atividade preparatória/acessória à prestação do serviço de telecomunicação. Súmula 83/STJ. Agravo regimental improvido" (BRASIL. Superior Tribunal de Justiça. Segunda Turma. AgRg no REsp nº 1.429.581/GO. Relator: ministro Humberto Martins. Julgamento em 11 de novembro de 2014. *DJe*, 21 nov. 2014).

[25] A sigla "PUC" significa "prestação, utilidade e comodidade" e consiste na "atividade intrínseca ao serviço de STFC, vinculada à utilização da sua rede, que possibilita adequar, ampliar, melhorar ou restringir o uso do STFC" (art. 3º, XVI, da Resolução Anatel nº 426/2005).

[26] BRASIL. Superior Tribunal de Justiça. Primeira Seção. Recurso Especial nº 1.176.753/RJ. Relator: ministro Napoleão Nunes Maia Filho. Relator p/ acórdão: ministro Mauro Campbell Marques. Julgamento em 28 de novembro de 2012. *DJe*, 19 dez. 2012.

só da habilitação de telefones celulares, como também de outras atividades-meio (troca de número e mudança de endereço, por exemplo) e de serviços complementares (que são também denominados "suplementares", como é o caso do bloqueio de chamadas DDD e DDI), conforme se extrai da ementa transcrita:

> PROCESSUAL CIVIL. RECURSO ESPECIAL. TRIBUTÁRIO. ICMS. SERVIÇOS CONEXOS (SUPLEMENTARES) AO DE COMUNICAÇÃO (TELEFONIA MÓVEL): TROCA DE TITULARIDADE DE APARELHO CELULAR; CONTA DETALHADA; TROCA DE APARELHO; TROCA DE NÚMERO; MUDANÇA DE ENDEREÇO DE COBRANÇA DE CONTA TELEFÔNICA; TROCA DE ÁREA DE REGISTRO; TROCA DE PLANO DE SERVIÇO; BLOQUEIO DDD E DDI; HABILITAÇÃO; RELIGAÇÃO. NÃO INCIDÊNCIA DO ICMS.
>
> 1. A incidência do ICMS, no que se refere à prestação dos serviços de comunicação, deve ser extraída da Constituição Federal e da LC 87/96, incidindo o tributo sobre os serviços de comunicação prestados de forma onerosa, através de qualquer meio, inclusive a geração, a emissão, a recepção, a transmissão, a retransmissão, a repetição e a ampliação de comunicação de qualquer natureza (art. 2º, III, da LC 87/96).
> 2. A prestação de serviços conexos ao de comunicação por meio da telefonia móvel (que são preparatórios, acessórios ou intermediários da comunicação) não se confunde com a prestação da atividade fim – processo de transmissão (emissão ou recepção) de informações de qualquer natureza –, esta sim, passível de incidência pelo ICMS. Desse modo, a despeito de alguns deles serem essenciais à efetiva prestação do serviço de comunicação e admitirem a cobrança de tarifa pela prestadora do serviço (concessionária de serviço público), por assumirem o caráter de atividade meio, não constituem, efetivamente, serviços de comunicação, razão pela qual não é possível a incidência do ICMS.

3. [...]

4. Agravo regimental de fls. 871/874 não provido. Recurso especial não provido. Acórdão sujeito ao regime previsto no art. 543-C do CPC, c/c a Resolução 8/2008 – Presidência/STJ.[27]

Mais recentemente, o Supremo Tribunal Federal, ao julgar o já citado Recurso Extraordinário nº 572.020/DF,[28] pôs um fim à discussão. Em acórdão prolatado pelo Tribunal Pleno, a mais alta Corte de Justiça do país, ao analisar a constitucionalidade da incidência de ICMS sobre a habilitação de telefones celulares, deixou consignado que as referidas atividades preparatórias oferecidas pelas operadoras "configuram, apenas, meios de viabilidade ou de acesso aos serviços de comunicação, *et por cause*, estão fora da incidência tributária do ICMS", *in verbis*:

RECURSO EXTRAORDINÁRIO. TRIBUTÁRIO. ICMS. HABILITAÇÃO DE APARELHOS CELULARES. A LEI GERAL DE TELECOMUNICAÇÕES (ART. 60, § 1º, DA LEI Nº 9.472/97) NÃO PREVÊ O SERVIÇO DE HABILITAÇÃO DE TELEFONIA MÓVEL COMO ATIVIDADE-FIM, MAS ATIVIDADE-MEIO PARA O SERVIÇO DE COMUNICAÇÃO. A ATIVIDADE EM QUESTÃO NÃO SE INCLUI NA DESCRIÇÃO DE SERVIÇOS DE TELECOMUNICAÇÃO CONSTANTE DO ART. 2º, III, DA LC 87/1996, POR CORRESPONDER A PROCEDIMENTO TIPICAMENTE PROTOCOLAR, CUJA FINALIDADE REFERE-SE A ASPECTO PREPARATÓRIO. OS SERVIÇOS PREPARATÓRIOS, TAIS COMO HABILITAÇÃO, INSTALA-

[27] BRASIL. Superior Tribunal de Justiça. Primeira Seção. REsp nº 1.176.753/RJ. Relator: ministro Napoleão Nunes Maia Filho. Relator p/ acórdão: ministro Mauro Campbell Marques. Julgamento em 28 de novembro de 2012. *DJe*, 19 dez. 2012.

[28] BRASIL. Supremo Tribunal Federal. Pleno. Recurso Extraordinário nº 572.020/DF. Relator: ministro Marco Aurélio. Relator p/ acórdão: ministro Luiz Fux. Julgamento em 6 de fevereiro de 2014. *DJe*, 7 maio 2014.

ÇÃO, DISPONIBILIDADE, ASSINATURA, CADASTRO DE USUÁRIO E EQUIPAMENTO, ENTRE OUTROS, QUE CONFIGURAM ATIVIDADE-MEIO OU SERVIÇOS SUPLEMENTARES, NÃO SOFREM A INCIDÊNCIA DO ICMS, POSTO SERVIÇOS DISPONIBILIZADOS DE SORTE A ASSEGURAR AO USUÁRIO A POSSIBILIDADE DO USO DO SERVIÇO DE COMUNICAÇÃO, CONFIGURANDO AQUELES TÃO SOMENTE ATIVIDADES PREPARATÓRIAS DESTES, NÃO INCIDINDO ICMS. INOCORRÊNCIA DE VIOLAÇÃO AOS ARTS. 2º, 150, I, E 155, II, DA CF/88. DESPROVIMENTO DO RECURSO EXTRAORDINÁRIO. 1. Os serviços preparatórios aos serviços de comunicação, tais como: habilitação, instalação, disponibilidade, assinatura, cadastro de usuário e equipamento, entre outros serviços, configuram atividades-meio ou serviços suplementares. O serviço de comunicação propriamente dito, consoante previsto no art. 60, § 1º, da Lei nº 9.472/97 (Lei Geral de Telecomunicações), para fins de incidência de ICMS, é aquele em que um terceiro, mediante prestação negocial-onerosa, mantém interlocutores (emissor/receptor) em contato por qualquer meio, inclusive a geração, a emissão, a recepção, a transmissão, a retransmissão, a repetição e a ampliação de comunicação de qualquer natureza (REsp. 402047/MG, Rel. Ministro HUMBERTO GOMES DE BARROS, PRIMEIRA TURMA, julgado em 04/11/2003, DJ 09/12/2003). 2. A interpretação conjunta dos arts. 2º, III, e 12, VI, da Lei Complementar 87/96 (Lei Kandir) leva ao entendimento de que o ICMS somente pode incidir sobre os serviços de comunicação propriamente ditos, no momento em que são prestados, ou seja, apenas pode incidir sobre a atividade-fim, que é o serviço de comunicação, e não sobre a atividade-meio ou intermediária como são aquelas constantes na Cláusula Primeira do Convênio ICMS nº 69/98. Tais serviços configuram, apenas, meios de viabilidade ou de acesso aos serviços de comunicação, *et por cause*, estão fora da incidência tributária do ICMS. 3. A Constituição autoriza sejam tributadas as prestações de serviços de comunicação, não sendo dado ao legislador, nem muito menos ao intérprete e ao aplicador, estender a incidência do ICMS às atividades que as antecedem e viabilizam. Não tipificando o fato gerador do ICMS-Comunicação, está, pois, fora de seu campo de incidência. Consectariamente, inexiste violação aos artigos 2º, 150, I, e 155, II, da CF/88. 4. O Direito Tributário consagra o princípio da tipicidade, de maneira que, sem lei expressa, não se pode ampliar os elementos que formam o fato gerador, sob pena de violar o disposto no art. 108, § 1º, do CTN. 5. *In casu*, apreciando a questão relativa à legitimidade da cobrança do ICMS sobre o procedimento de habilitação de telefonia móvel celular, a atividade de habilitação não se inclui na descrição de serviço de telecomunicação constante do art. 2º, III, da Lei Complementar 87/96, por corresponder a procedimento tipicamente protocolar, cuja finalidade prende-se ao aspecto preparatório e estrutural da prestação do serviço, serviços meramente acessórios ou preparatórios à comunicação propriamente dita, meios de viabilidade ou de acesso aos serviços de comunicação. 6. O ato de habilitação de aparelho móvel celular não enseja qualquer serviço efetivo de telecomunicação, senão de disponibilização do serviço, de modo a assegurar ao usuário a possibilidade de fruição do serviço de telecomunicações. O ICMS incide, tão somente, na atividade final, que é o serviço de telecomunicação propriamente dito, e não sobre o ato de habilitação do telefone celular, que se afigura como atividade meramente intermediária. 7. *Ex positis*, nego provimento ao recurso extraordinário.

Como se vê, o Pretório Excelso chancelou o posicionamento que já vinha sendo adotado pelo STJ. A redação do *caput* do art. 60 da LGT não teve o condão de alterar essa conclusão.

O próprio STF, ao tratar do citado diploma legal, deu especial ênfase ao § 1º (e não ao *caput*) do art. 60, de onde se pode extrair a definição de serviço de comunicação como

> aquele em que um terceiro, mediante prestação negocial-onerosa, mantém interlocutores (emissor/receptor) em contato por qualquer meio, inclusive a geração, a emissão, a recepção, a transmissão, a retransmissão, a repetição e a ampliação de comunicação de qualquer natureza.

Conclui-se, assim, que não há fato gerador do ICMS-Comunicação sem que o serviço seja ultimado. Meras atividades preparatórias ou de caráter complementar não são aptas a ensejar a cobrança do imposto estadual, cuja hipótese de incidência somente restará configurada quando o emissor efetivamente enviar uma mensagem ao receptor, utilizando-se dos meios disponibilizados por um terceiro.

A questão da assinatura sem franquia de minutos

É interessante destacar, nesse ponto, uma questão julgada recentemente pelo Plenário do Supremo Tribunal Federal, que, de certa forma, não vai ao encontro dos posicionamentos históricos acima citados, qual seja: a incidência de ICMS sobre o valor cobrado pelas operadoras de telefonia a título de assinatura mensal sem franquia de minutos.

Ora, defendem os contribuintes que, como o fato gerador do ICMS – nos termos do art. 155, II, da CF/1988 c/c art. 2º, III, da LC nº 87/1996 – só surge quando há um ato ou negócio jurídico que tenha por objeto o esforço humano empreendido em benefício de outrem com a finalidade de criar interação entre o emissor e o receptor, não haveria que se falar na tributação da assinatura mensal sem franquia de minutos, pois esta se cinge à mera disponibilização da estrutura telefônica que será usada como meio para a contratação adicional de serviços (ou seja, remunera exclusivamente a linha telefônica colocada à disposição do usuário, sem nenhum minuto de ligação). Tem-se, portanto, uma simples atividade-meio executada pela operadora, a qual representa simples obrigação de dar que não pode ser confundida com um serviço de comunicação propriamente dito.

Por outro lado, sustentam os fiscos estaduais que a questão da assinatura sem franquia é peculiar, posto que, como a cobrança dos usuários é realizada de forma periódica (geralmente mensal), acabaria se confundindo com os valores que remuneram os minutos utilizados.

Ao analisar o tema, o STJ se manifestou favoravelmente aos contribuintes:

> PROCESSUAL CIVIL. EMBARGOS DE DECLARAÇÃO. ART. 535 DO CPC. CORREÇÃO DE ERRO MATERIAL. EFEITOS INFRINGENTES. OBSCURIDADE E CONTRADIÇÃO. AUSÊNCIA. 1. O acórdão embargado reconheceu a incidência do ICMS sobre os valores cobrados a título de assinatura básica, pois abrangem uma franquia de pulsos mínimos por mês e, portanto, remuneram, pelo menos em parte, o próprio serviço de comunicação. 2. No presente caso, entretanto, não se trata de assinatura básica, com inclusão de franquia mínima de pulsos, mas de simples assinatura, que apenas remunera os custos de manutenção do sistema de telecomunicações colocado à disposição do usuário dos serviços de telefonia. Necessidade de correção de erro material. 3. *Tratando-se de simples assinatura – que não abrange franquia de pulsos –, tal como prevista na cláusula 1ª do Convênio ICMS 69/98, deve ser reconhecida a ilegalidade da incidência do ICMS sobre valores cobrados a esse título, por tratar-se de serviço preparatório e atividade-meio, que não se confunde com o próprio serviço de comunicação, este sim*

tributado pelo imposto. Precedentes de ambas as Turmas de Direito Público. [...] 6. Embargos de declaração acolhidos em parte, com efeitos infringentes, para dar provimento também em parte ao recurso especial.[29]

Entretanto, ao julgar o Recurso Extraordinário nº 912.888/RS (admitido pela sistemática de repercussão geral), o Plenário do Supremo Tribunal Federal, em 13 de outubro de 2016, entendeu de forma contrária à pretensão dos contribuintes, pois chancelou a incidência do ICMS sobre a assinatura sem franquia de minutos. De acordo com a maioria dos ministros, a cobrança da exação se justifica pelo fato de a assinatura consistir no "fornecimento, em caráter continuado, das condições materiais para que ocorra a comunicação entre o usuário e terceiro". Veja-se, nesse sentido, a ementa do referido julgado:

> TRIBUTÁRIO. RECURSO EXTRAORDINÁRIO. ICMS SOBRE PRESTAÇÃO DE SERVIÇOS DE COMUNICAÇÃO. TARIFA DE ASSINATURA BÁSICA MENSAL. CONTRAPRESTAÇÃO AO SERVIÇO DE COMUNICAÇÃO PROPRIAMENTE DITO PRESTADO PELAS CONCESSIONÁRIAS DE TELEFONIA. INCIDÊNCIA DO TRIBUTO. 1. O Plenário do Supremo Tribunal Federal, no julgamento do RE 572.020 (Rel. Min. MARCO AURÉLIO, Rel. p/ acórdão Min. LUIZ FUX, DJe de 13/10/2014), assentou que o ICMS não incide sobre serviços preparatórios aos de comunicação, tais quais o de habilitação, instalação, disponibilidade, assinatura (= contratação do serviço), cadastro de usuário e equipamento, etc., já que tais serviços são suplementares ou configuram atividade-meio.

[29] BRASIL. Supremo Tribunal Federal. Segunda Turma. EDcl no REsp nº 1.022.257/RS. Relator: ministro Castro Meira. Julgamento em 9 de dezembro de 2008. *DJe*, 12 fev. 2009, grifo nosso.

> 2. A tarifa de assinatura básica mensal não é serviço (muito menos serviço preparatório), mas sim a contraprestação pelo serviço de comunicação propriamente dito prestado pelas concessionárias de telefonia, consistente no fornecimento, em caráter continuado, das condições materiais para que ocorra a comunicação entre o usuário e terceiro, o que atrai a incidência do ICMS. 3. Fica aprovada a seguinte tese de repercussão geral: "O Imposto de Circulação de Mercadorias e Serviços (ICMS) incide sobre a tarifa de assinatura básica mensal cobrada pelas prestadoras de serviço de telefonia, independentemente da franquia de minutos conferida ou não ao usuário". 4. Recurso extraordinário provido.[30]

Com esse julgamento, a discussão, especificamente no que diz respeito à incidência de ICMS sobre a assinatura sem franquia de minutos, foi encerrada em desfavor dos contribuintes.

Os serviços de valor adicionado

Os serviços de valor adicionado são aqueles que oferecem ao usuário determinadas utilidades relacionadas ao acesso, armazenamento e recuperação de informações, utilizando-se de um serviço de comunicação preexistente como um verdadeiro "insumo". Ou seja, é um serviço de materialidade própria, com a peculiaridade de ser prestado ao usuário por meio de um serviço de comunicação, como o telefone e a internet.

Veja-se o que diz o *caput* do art. 61 da LGT, que define o conceito de serviço de valor adicionado:

> Art. 61. Serviço de valor adicionado é a atividade que acrescenta, a um serviço de telecomunicações que lhe dá suporte e com o

[30] BRASIL. Supremo Tribunal Federal. Tribunal Pleno. RE nº 912.888/RS. Relator: ministro Teori Zavascki. Julgamento em 13 de outubro de 2016. *DJe*, 10 maio 2017.

> qual não se confunde, novas utilidades relacionadas ao acesso, armazenamento, apresentação, movimentação ou recuperação de informações.

Como se vê, o serviço de valor adicionado pressupõe um serviço de comunicação que lhe dê suporte, mas que com ele não se confunda. Tanto é assim que o próprio § 1º do referido dispositivo legal reconhece que o serviço de valor adicionado não constitui espécie de serviço de telecomunicações:

> Art. 61. [...]
> § 1º. Serviço de valor adicionado não constitui serviço de telecomunicações, classificando-se seu provedor como usuário do serviço de telecomunicações que lhe dá suporte, com os direitos e deveres inerentes a essa condição.

Essa exclusão do serviço de valor adicionado do conceito de serviço de telecomunicações coaduna-se com a própria definição deste último. Com efeito, embora o serviço de valor adicionado acrescente a um serviço de telecomunicações determinadas utilidades relacionadas ao acesso, armazenamento e recuperação de informações, tecnicamente ele não configura um meio pelo qual essas informações são transmitidas.

Feitas essas considerações, poder-se-ia indagar: qual seria a diferença então entre um serviço de valor adicionado e um serviço complementar, se ambos visam conceder novas utilidades ao usuário?

É simples. Enquanto o serviço complementar apenas otimiza um serviço de comunicação preexistente (acrescenta uma simples utilidade, como o identificador de chamadas ou o *siga-me*, por exemplo), o serviço de valor adicionado vai além: trata-se de um serviço totalmente autônomo em relação ao serviço de comunicação que lhe dá suporte, com outro conteúdo, que pode ser alvo, inclusive, do imposto sobre serviços de qualquer natureza a cargo dos municípios, desde que esteja previsto na lista de serviços tributáveis anexa à LC nº 116/2003.[31]

Nesse contexto, está claro que o ICMS jamais poderia incidir sobre os serviços de valor adicionado.

Contudo, apesar de haver uma norma expressa na Lei Geral de Telecomunicação excluindo os serviços de valor adicionado da definição de serviço de telecomunicação (o que, na prática, significa que estão fora do âmbito de incidência da exação estadual em comento), os estados da Federação pretendem tributá-los sob a alegação de que o fato gerador do ICMS deve ser interpretado amplamente (exatamente como fazem com as atividades-meio e os serviços complementares).

É o que ocorre, por exemplo, com o serviço de provimento de acesso à internet,[32] em que o prestador tem como principal

[31] A Constituição Federal, em seu art. 156, III, determina que os serviços passíveis de serem gravados pelo ISS devem estar previstos em lei complementar. Até o ano de 2003, o diploma que assumia essa função era o Decreto-Lei nº 406/1968, o qual foi substituído pela atual Lei Complementar nº 116/2003, que contempla a nova lista de serviços tributáveis que deve ser seguida por todos os entes municipais. Muitas discussões já se travaram a respeito da natureza da lista de serviços tributáveis, posto que os contribuintes, por um lado, defendem que seu rol é taxativo (ou seja, só podem ser tributados os serviços ali previstos de forma expressa), ao passo que os municípios sustentam que a lista é meramente exemplificativa. Ao analisar o tema, a Primeira Seção do Superior Tribunal de Justiça entendeu que a lista é, sim, taxativa, mas admite exceções quando o serviço que se pretender tributar for idêntico a algum outro que já se encontre previsto (registre-se, contudo, que não é suficiente, para que ocorra essa interpretação extensiva da lista, a existência de algumas semelhanças entre os serviços – nesse sentido, vale destacar o EREsp nº 887.360/BA, relatado pelo ministro Mauro Campbell Marques, julgado em 23 de fevereiro de 2011). Ou seja, nenhuma "classe" de serviço (vamos chamar assim) que não esteja prevista na lista pode ser tributada. Contudo, as derivações das "classes" de serviços já previstas poderão ser alvos da incidência do imposto municipal.

[32] Tal modalidade de serviço foi assim definida pela Norma nº 4/1995, do Ministério das Comunicações, aprovada pela Portaria nº 148, de 31 de maio de 1995: "a) Internet: nome genérico que designa o conjunto de redes, os meios de transmissão e comutação, roteadores, equipamentos e protocolos necessários à comunicação entre computadores, bem como o 'software' e os dados contidos nesses computadores; b) Serviço de Valor Adicionado: serviço que acrescenta a uma rede preexistente de um serviço de telecomunicações, meios ou recursos que criam novas utilidades específicas, ou novas

função conectar o usuário à rede mundial de computadores. Nesse caso, existem dois serviços distintos sendo executados simultaneamente por pessoas jurídicas diferentes: (1) primeiramente, temos o serviço de comunicação propriamente dito a cargo do provedor de *backbone*, ou seja, da empresa que detém a infraestrutura física – composta por redes e cabos – capaz de fornecer ao usuário o transporte de dados (no Brasil, os principais provedores de *backbone* são justamente as grandes operadoras de telefonia, como Embratel, Telemar etc.); (2) em segundo lugar, temos o provedor de acesso à internet, que fornece ao usuário um endereço IP para que possa ser reconhecido na rede mundial de computadores, bem como direciona (ou "roteia") os pacotes de dados para que sejam transmitidos via internet pelos canais mais livres naquele momento (tal atividade era muito comum no tempo da internet discada; já atualmente, com a evolução tecnológica dos serviços de comunicação, os provedores de acesso perderam espaço no mercado).

Os provedores de acesso à internet, portanto, não detêm infraestrutura apta a realizar o transporte de dados; isso era feito exclusivamente pelos provedores de *backbone*. A atividade que cabia àqueles era materialmente diversa, pois basicamente se limitava em conectar o usuário à rede mundial de computadores por meio do fornecimento do endereço IP.

Ao analisar a natureza dessa atividade, a doutrina se dividiu. De um lado, juristas como Marco Aurélio Greco sustentavam que o provedor de acesso viabiliza a conexão do usuário à internet (criando, assim, um ambiente propício para a troca de mensagens), de modo que a atividade por ele executada deveria

---

atividades produtivas, relacionadas com o acesso, armazenamento, movimentação e recuperação de informações; c) Serviço de Conexão à Internet (SCI): nome genérico que designa Serviço de Valor Adicionado, que possibilita o acesso à Internet a Usuários e Provedores de Serviços de Informações; d) Provedor de Serviço de Conexão à Internet (PSCI): entidade que presta o Serviço de Conexão à Internet; [...]".

ser considerada como de comunicação.[33] De outro lado, pode-se destacar a posição de Paulo de Barros Carvalho, para o qual o provedor de acesso apenas acrescenta uma utilidade a um serviço de comunicação já existente, permitindo o armazenamento e a recuperação de informações, na linha do que dispõe o art. 61 da LGT.[34]

Ao apreciar o tema, a Primeira Seção do Superior Tribunal de Justiça, no EREsp nº 456.650/PR,[35] entendeu que não poderia haver a cobrança do ICMS sobre tal atividade, já que "não fornece as condições e meios para que a comunicação ocorra, sendo um simples usuário dos serviços prestados pelas empresas de telecomunicações". Assim, não pode ser considerado um serviço de telecomunicação, o que é corroborado pelo fato de não necessitar, para ser prestado, "de autorização, permissão ou concessão da União, conforme determina o artigo 21, XI, da Constituição Federal".

Assim, concluiu a Primeira Seção do STJ que o

> serviço prestado pelos provedores de acesso à Internet cuida [...] de mero serviço de valor adicionado, uma vez que o prestador se utiliza da rede de telecomunicações que lhe dá suporte para viabilizar o acesso do usuário final à Internet, por meio de uma linha telefônica.[36]

Essa constatação, contudo, não afasta qualquer tipo de incidência tributária sobre o provimento de acesso à internet.

---

[33] GRECO, Marco Aurélio. *Internet e direito*. São Paulo: Dialética, 2000. p. 129-134.

[34] CARVALHO, Paulo de Barros. "Não incidência do ICMS na atividade dos provedores de acesso à internet", 2004, op. cit., p. 494.

[35] BRASIL. Superior Tribunal de Justiça. Primeira Seção. Embargos de Divergência em Recurso Especial nº 456.650/PR. Relator: ministro José Delgado. Relator p/ acórdão: ministro Franciulli Netto. Julgamento em 11 de maio de 2005. *DJ*, 20 mar. 2006.

[36] Após esse julgado, foi editada a Súmula do STJ nº 334, que tem a seguinte redação: "O ICMS não incide no serviço dos provedores de acesso à Internet".

Pelo contrário, sendo considerado um serviço de materialidade própria (e que não compreende um serviço de comunicação), está inserido *in abstracto* no âmbito de incidência do ISS. Os municípios, contudo, só poderão exercer sua competência tributária nesse sentido se houver previsão expressa na lista de serviços tributáveis anexa à LC nº 116/2003 (o que não ocorre), conforme já decidiu o Superior Tribunal Justiça em diversas oportunidades.[37]

Outro exemplo de serviço de valor adicionado é o da "consulta 102" (conhecido também como serviço de auxílio à lista telefônica), que nada mais é do que um serviço de fornecimento de informações pelo telefone. Sendo mais específico, o usuário da operadora de telefonia, pretendendo obter informações a respeito de um ramal telefônico, liga para o número 102 e é atendido pelo *call center* disponibilizado pela empresa, que lhe fornece os dados almejados por meio do próprio telefone.

A cada informação fornecida, é cobrado um valor fixo do usuário na conta de telefone. Dito isso, pode-se ver claramente a existência de duas prestações de serviço totalmente distintas:

[37] Não há previsão do serviço de provimento de acesso à internet tanto na lista de serviços tributáveis anexa à Lei Complementar nº 116/2003 quanto na lista do antigo Decreto-Lei nº 406/1968, que disciplinou o ISS em âmbito nacional até 2003. A esse respeito, vale conferir a ementa de julgado da Segunda Turma do STJ que analisou o tema sob a égide do Decreto-Lei nº 406/1968, mas que continua sendo perfeitamente aplicável ao caso: "PROCESSUAL CIVIL E TRIBUTÁRIO – FUNDAMENTAÇÃO DEFICIENTE – SÚMULA 284/STF – SERVIÇO PRESTADO PELOS PROVEDORES DE INTERNET – ISS – NÃO INCIDÊNCIA – PRECEDENTES. 1. Considera-se deficiente a fundamentação de recurso especial em que não foi indicado [*sic*] com objetividade os dispositivos de lei federal supostamente violados. Incidência da Súmula 284/STF. 2. A atividade desempenhada pelos provedores de acesso à internet constitui serviço de valor adicionado (art. 61 da Lei 9.472/97). 3. As Turmas de Direito Público desta Corte firmaram entendimento de que o ISS não incide sobre o serviço prestado pelos provedores de acesso à internet, em razão desta atividade não estar compreendida na lista anexa ao Dec. Lei 406/68. Precedentes. 4. Recurso especial conhecido em parte e, nessa parte, não provido" (BRASIL. Superior Tribunal de Justiça. Segunda Turma. REsp nº 1.183.611/PR. Relatora: ministra Eliana Calmon. Julgamento em 15 de junho de 2010. *DJe*, 22 jun. 2010).

1) o serviço de comunicação propriamente dito, consubstanciado na chamada telefônica feita pelo usuário para contatar o *call center*, que fornece as informações (ou seja, a chamada para o número 102);
2) o serviço de consultoria (que é a consulta 102), no qual a telefonista, ao atender a chamada feita pelo usuário, vasculha na base de dados as informações solicitadas.

No entender das operadoras, trata-se de serviços materialmente distintos, estando o primeiro inserido no âmbito de incidência do ICMS e o segundo no âmbito de incidência do ISS, na medida em que tem natureza de serviço de valor adicionado. Nesse sentido, pode-se destacar a Solução de Consulta nº 73, de 2 de março de 2006, da Receita Federal, que reconhece expressamente que a consulta 102 não é serviço de telecomunicação:

> PRESTAÇÃO DE SERVIÇOS DE TELECOMUNICAÇÕES. SERVIÇOS DE INFORMAÇÃO. A sistemática de apuração da contribuição pelo regime da cumulatividade abarca as receitas decorrentes da prestação de serviços de telecomunicações. Não são receitas decorrentes da prestação de serviços telefônicos as receitas de serviços que simplesmente utilizam como instrumento os serviços de telecomunicações – caso específico do serviço de informação, a chamada consulta "102". Portanto, não se pode admitir que essas receitas ingressem na sistemática de apuração da contribuição pelo regime da cumulatividade (Cofins cumulativa) devendo necessariamente serem apuradas pela sistemática de apuração no regime da não cumulatividade (Cofins não cumulativa).

Recentemente, o Tribunal de Justiça do Estado do Rio de Janeiro, ao analisar o tema nos autos da Apelação Cível nº 0124349-34.2004.8.19.0001, manifestou-se a favor da não incidência do ICMS sobre o valor cobrado especificamente pelo serviço de consulta 102. Na oportunidade, ainda foi apreciada a natureza do chamado *serviço de despertador* (ou chamada teleprogramada),[38] que, da mesma forma que a consulta 102, foi considerado de valor adicionado, por representar uma prestação autônoma que apenas se utiliza de um serviço de comunicação como suporte, mas com o qual não se confunde. É ver:

> AÇÃO ANULATÓRIA AJUIZADA POR CONCESSIONÁRIA DO SERVIÇO PÚBLICO DE TELECOMUNICAÇÕES. DÉBITO FISCAL RELATIVO AO ICMS SOBRE OS SERVIÇOS DE CONSULTA (102) E DE CHAMADA TELEPROGRAMADA (DESPERTADOR). SERVIÇOS QUE SE INSEREM NA DEFINIÇÃO DE "SERVIÇOS DE VALOR ADICIONADO" PREVISTA NA LEI GERAL DE TELECOMUNICAÇÕES E, NESSA QUALIDADE, NÃO SE SUJEITAM AO ICMS, ORIENTAÇÃO JURISPRUDENCIAL DO STJ EM CASO ANÁLOGO.[39]

Feitos esses esclarecimentos, cabe aqui uma última observação a respeito dos serviços de valor adicionado antes de passar para o próximo tópico do presente estudo, qual seja: com a evolução tecnológica que vem ocorrendo nos últimos anos, especialmente por conta da internet, os serviços de valor adicionado vêm crescendo exponencialmente, como ocorre, por

---

[38] No serviço de despertador, o usuário liga para um número específico da operadora de telefonia e programa o recebimento de uma chamada. Da mesma forma que no serviço de consulta 102, as empresas do ramo entendem que existem dois serviços diferentes no caso: o primeiro, representado pela ligação telefônica para a operadora (passível de tributação pelo ICMS, por ser serviço de comunicação), e o segundo, que é o serviço de despertador propriamente dito, cobrado de forma independente do usuário.

[39] RIO DE JANEIRO. Tribunal de Justiça do Estado do Rio de Janeiro. Sétima Câmara Cível. Apelação Cível nº 0124349-34.2004.8.19.0001. Relator: desembargador André Andrade. Julgamento em 14 de setembro de 2016. *DJe*, 19 set. 2016.

exemplo, com as empresas que disponibilizam vídeos e músicas em plataformas virtuais, acessadas mediante remuneração.

Essa espécie de atividade não configura um serviço de comunicação propriamente dito (apenas se vale dele para ser executada), de modo que não pode ser tributada pelo ICMS. O que se vê, portanto, é que a competência para tributar é estritamente municipal, apesar de hoje não haver previsão nesse sentido na lista de serviços anexa à LC nº 116/2003. Esse cenário, no entanto, deve mudar em breve, uma vez que está em tramitação no Congresso Nacional o Projeto de LC nº 366/2013, que pretende inserir na referida lista o seguinte item:

> 1.09 - Disponibilização, sem cessão definitiva, de conteúdos de áudio, vídeo, imagem e texto por meio da internet, respeitada a imunidade de livros, jornais e periódicos (exceto a distribuição de conteúdos pelas prestadoras de Serviço de Acesso Condicionado, de que trata a Lei nº 12.485, de 12 de setembro de 2011, sujeita ao ICMS).

O Projeto de LC nº 366/2013, como se vê, pretende tributar a veiculação de músicas e filmes por *streaming* na internet, assim como de imagens e texto, desde que não haja "cessão definitiva" e seja respeitada a imunidade constitucional dos livros, jornais e periódicos. A discussão sobre o tema, no entanto, ainda não foi encerrada no Congresso.

O convênio Confaz nº 69/1998

Em 1998, os estados-membros, vislumbrando a possibilidade de incrementar a arrecadação do ICMS por meio da inclusão de todos esses serviços acessórios oferecidos pelas empresas de comunicação na base de cálculo do imposto, se reuniram no âmbito do Conselho Nacional de Política Fazendária (Confaz) e editaram o Convênio nº 69/1998, cuja função precípua era a de "uniformizar os procedimentos tributários nas prestações de serviços de comunicações e esclarecer o contribuinte, para que corretamente possa cumprir suas obrigações tributárias". Eis o teor da sua cláusula primeira:

> Cláusula Primeira. Os signatários firmam entendimento no sentido de que se incluem na base de cálculo do ICMS incidente sobre prestações de serviços de comunicação os valores cobrados a título de *acesso, adesão, ativação, habilitação, disponibilidade, assinatura e utilização dos serviços, bem assim aqueles relativos a serviços suplementares e facilidades adicionais que otimizem ou agilizem o processo de comunicação*, independentemente da denominação que lhes seja dada [grifo nosso].

Como se vê, os entes estaduais, utilizando-se do argumento de que estariam apenas "interpretando" a base de cálculo do ICMS, buscaram inserir em sua hipótese de incidência outras atividades que não se confundem com os serviços de comunicação propriamente ditos, em manobra que ostenta dois vícios: (1) indevida ampliação da hipótese de incidência do ICMS; e (2) extrapolação dos limites constitucionais dos convênios.

Os referidos acordos, sabiamente, não podem criar ou aumentar o tributo, nem, muito menos, dilargar os limites constitucionais que delimitam suas hipóteses de incidência. Logo, não poderia jamais um ato dessa natureza dilargar a base de cálculo do ICMS, como faz o Convênio nº 69/1998. Veja-se o que diz Roque Antonio Carraza:[40]

[40] CARRAZZA, Roque Antônio. ICMS-Comunicação: não incidência sobre a prestação onerosa de serviços acessórios e o aluguel de equipamentos, que empresas do setor de telecomunicações realizam em favor de seus clientes – Questões conexas. In: MOREIRA, André Mendes et al. (Coord.). *Direito das telecomunicações e tributação*. São Paulo: Quartier Latin, 2006. p. 367.

> Convênios não podem tratar da regra-matriz do ICMS, muito menos para ampliá-la, mediante a inserção de elementos estranhos à materialidade do tributo, agravando assim a carga fiscal [...]. Noutras palavras, o convênio de que aqui estamos cogitando não pode cuidar de questões que não digam respeito a isenções, benefícios ou incentivo de ICMS. *Muito menos possibilitar, ainda que por meio de artifícios (v.g. "autorizando" a ampliação da base de cálculo do ICMS), o descumprimento de princípios constitucionais, máxime se isto vier em detrimento dos contribuintes* [grifo no original].

Logo, o conceito de serviço de comunicação estabelecido na Constituição e na LC nº 87/1996 não pode ser manipulado pelo ente político em benefício próprio (CTN, art. 110),[41] sendo o Convênio nº 69/1998 abusivo, já que procurou inserir no conceito de serviço de comunicação atividades que com este não se confundem.

Além disso, tem-se que no direito tributário vige o princípio da estrita legalidade, previsto no art. 150, I, da CF/1988, sendo incontroverso que somente a lei pode instituir ou majorar tributo.[42] Como corolário lógico do princípio da estrita legalidade, encontra-se o aclamado princípio da tipicidade fechada, segundo o qual todos os elementos necessários à tributação devem estar previstos no corpo da lei de forma clara e suficiente, sendo certo que não há espaço para normas abertas, sob pena de arbítrio fiscal.

[41] CTN: "Art. 110. A lei tributária não pode alterar a definição, o conteúdo e o alcance de institutos, conceitos e formas de direito privado, utilizados, expressa ou implicitamente, pela Constituição Federal, pelas Constituições dos Estados, ou pelas Leis Orgânicas do Distrito Federal ou dos Municípios, para definir ou limitar competências tributárias".
[42] CF/1988: "Art. 150. Sem prejuízo de outras garantias asseguradas aos contribuintes, é vedado à União, aos Estados, ao Distrito Federal e aos Municípios: I - Exigir ou aumentar tributo sem lei que o estabeleça".

Atento a este princípio, Alberto Xavier[43] nos ensina que "a tipicidade repele a tributação baseada num conceito geral ou cláusula geral de tributo", e continua:

> Converte-se o tipo tributário em tipo rigorosamente fechado, com elevado grau de determinação, vedada a utilização de conceitos jurídicos indeterminados em matéria de incidência, de isenções, de base de cálculo ou de alíquota.

A invalidade da cláusula primeira do Convênio nº 69/1998 já foi reconhecida pelo Superior Tribunal de Justiça em diversas oportunidades. Por todas, confira-se a ementa do seguinte julgado proferido pela Segunda Turma daquela corte:[44]

> TRIBUTÁRIO – SERVIÇOS DE TELECOMUNICAÇÕES – ICMS – BASE DE CÁLCULO – CONVÊNIO 69/98 – INCLUSÃO DOS SERVIÇOS ALI RELACIONADOS – CARACTERIZAÇÃO DE ATIVIDADES-MEIO – NÃO INCLUSÃO, SOB PENA DE VIOLAÇÃO DO PRINCÍPIO DA LEGALIDADE.
> 1. Não resta evidenciada a alegada violação do art. 535 do CPC, pois a prestação jurisdicional foi dada na medida da pretensão deduzida, conforme se depreende da análise do acórdão recorrido.
> 2. Não se pode incluir na base de cálculo do ICMS incidente sobre telecomunicações os serviços elencados na cláusula primeira do Convênio 69/98, pois aqueles não se caracterizam como atividade-fim de telecomunicações, mas, tão somente, como atividade-meio.

---

[43] XAVIER, Alberto. *Os princípios da legalidade e da tipicidade da tributação*. São Paulo: RT, 1978.

[44] BRASIL Superior Tribunal de Justiça. Segunda Turma. REsp nº 678.462/PB. Relator: ministro Humberto Martins. Julgamento em 15 de fevereiro de 2007. *DJ*, 27 fev. 2007.

> 3. A hipótese de incidência do ICMS, conforme previsão constitucional, é de serviços de telecomunicações. Alargar este conceito para incluir as suas atividades-meio, ou seja, as referidas na cláusula-primeira do Convênio 69/98, fere o princípio da legalidade. Precedente: (REsp 680831/AL; Rel. Min. João Otávio de Noronha, DJ 17.10.2005). Recurso especial parcialmente provido.

O entendimento acima, vale dizer, foi recentemente chancelado pelo Plenário do Supremo Tribunal Federal no supracitado RE nº 572.020/DF, o que, espera-se, pôs um fim à discussão.

A Lei Complementar nº 87/1996 e os elementos que compõem o fato gerador do ICMS-Comunicação

A Constituição Federal, como se sabe, atribuiu competências tributárias (comuns e privativas) à União, aos estados, aos municípios e ao Distrito Federal. Não são necessárias muitas palavras para se constatar que, num país de dimensões continentais, esse sistema precisa ser o mais harmônico possível. Ciente disso, o legislador constitucional delegou ao legislador complementar a função de editar lei de normas gerais com o objetivo de uniformizar as diretrizes básicas dos tributos aptos a serem instituídos pelos entes federados. Nesse sentido, vale conferir o disposto nos arts. 146 e 146-A da CF/1988:

> Art. 146. Cabe à lei complementar:
> I - dispor sobre conflitos de competência, em matéria tributária, entre a União, os Estados, o Distrito Federal e os Municípios;
> II - regular as limitações constitucionais ao poder de tributar;
> III - estabelecer normas gerais em matéria de legislação tributária, especialmente sobre:

a) definição de tributos e de suas espécies, bem como, em relação aos impostos discriminados nesta Constituição, a dos respectivos fatos geradores, bases de cálculo e contribuintes;
b) obrigação, lançamento, crédito, prescrição e decadência tributários;
c) adequado tratamento tributário ao ato cooperativo praticado pelas sociedades cooperativas;
d) definição de tratamento diferenciado e favorecido para as microempresas e para as empresas de pequeno porte, inclusive regimes especiais ou simplificados no caso do imposto previsto no art. 155, II, das contribuições previstas no art. 195, I e §§ 12 e 13, e da contribuição a que se refere o art. 239.
Parágrafo único. A lei complementar de que trata o inciso III, d, também poderá instituir um regime único de arrecadação dos impostos e contribuições da União, dos Estados, do Distrito Federal e dos Municípios, observado que:
I - será opcional para o contribuinte;
II - poderão ser estabelecidas condições de enquadramento diferenciadas por Estado;
III - o recolhimento será unificado e centralizado e a distribuição da parcela de recursos pertencentes aos respectivos entes federados será imediata, vedada qualquer retenção ou condicionamento;
IV - a arrecadação, a fiscalização e a cobrança poderão ser compartilhadas pelos entes federados, adotado cadastro nacional único de contribuintes.

Art. 146-A. Lei complementar poderá estabelecer critérios especiais de tributação, com o objetivo de prevenir desequilíbrios da concorrência, sem prejuízo da competência de a União, por lei, estabelecer normas de igual objetivo.

No âmbito do ICMS, que é instituído e arrecadado por 27 unidades da federação, torna-se ainda mais importante a edição de uma lei nacional que defina os principais contornos da exação, a serem observados por todos os estados. Foi com esse espírito que o constituinte originário inseriu o inciso XII no § 2º do art. 155 da Constituição:

> Art. 155. § 2º. [...]
> XII - cabe à lei complementar:
> a) definir seus contribuintes;
> b) dispor sobre substituição tributária;
> c) disciplinar o regime de compensação do imposto;
> d) fixar, para efeito de sua cobrança e definição do estabelecimento responsável, o local das operações relativas à circulação de mercadorias e das prestações de serviços;
> e) excluir da incidência do imposto, nas exportações para o exterior, serviços e outros produtos além dos mencionados no inciso X, "a";
> f) prever casos de manutenção de crédito, relativamente à remessa para outro Estado e exportação para o exterior, de serviços e de mercadorias;
> g) regular a forma como, mediante deliberação dos Estados e do Distrito Federal, isenções, incentivos e benefícios fiscais serão concedidos e revogados;
> h) definir os combustíveis e lubrificantes sobre os quais o imposto incidirá uma única vez, qualquer que seja a sua finalidade, hipótese em que não se aplicará o disposto no inciso X, "b";
> i) fixar a base de cálculo, de modo que o montante do imposto a integre, também na importação do exterior de bem, mercadoria ou serviço.

Cabe ao legislador complementar, portanto, definir os elementos-chave inerentes à hipótese de incidência do ICMS, função essa inicialmente assumida pelo Convênio nº 66/1988 assim que a Constituição de 1988 foi promulgada (de fato, os estados-membros não podiam ficar aguardando a manifestação do legislador complementar para que, só então, instituíssem o ICMS; assim, por autorização do art. 34, § 8º, do Ato das Disposições Constitucionais Transitórias, os entes estaduais editaram o Convênio nº 66/1988, que delineou os principais aspectos referentes ao fato gerador do ICMS em âmbito nacional).

Atualmente, o diploma que atende às determinações do inciso XII do § 2º do art. 155 é a LC nº 87/1996, comumente conhecida como Lei Kandir.

Analisando-se a referida lei complementar, é possível encontrar os cinco elementos (material, espacial, temporal, pessoal e quantitativo) que compõem o fato gerador do ICMS-Comunicação, os quais, numa acepção puramente teórica, podem ser assim definidos:

1) *elemento material*: é aquele que descreve a conduta ou o estado do contribuinte que materializa o fato gerador (ou seja, o plexo de acontecimentos que, se verificado no mundo fenomênico, fará surgir o dever de pagar tributo);
2) *elemento espacial*: diz respeito ao local em que se verifica a ocorrência do fato descrito na norma de incidência;
3) *elemento temporal*: consiste na fixação do momento em que se considera ocorrida a materialidade do tributo;
4) *elemento pessoal*: representa os polos da relação jurídico-tributária, vale dizer, o sujeito ativo (pessoa jurídica de direito público titular da competência para instituir e arrecadar o tributo, nos termos do art. 119 do CTN)[45] e o sujeito passivo, que nada mais é do que a pessoa legalmente obrigada ao pagamento do tributo (art. 121 do CTN);[46]

[45] CTN: "Art. 119. Sujeito ativo da obrigação é a pessoa jurídica de direito público, titular da competência para exigir o seu cumprimento".

[46] CTN: "Art. 121. Sujeito passivo da obrigação principal é a pessoa obrigada ao pagamento de tributo ou penalidade pecuniária. Parágrafo único. O sujeito passivo da

5) *elemento quantitativo*: expressão econômica do fato gerador, ou, como ensina Geraldo Ataliba, "a dimensão do aspecto material da hipótese de incidência".[47] É obtido mediante a conjugação da base de cálculo com a alíquota prevista em lei.

Feitos esses esclarecimentos iniciais, trataremos dos pontos principais referentes a cada um dos elementos que integram o fato gerador do ICMS-Comunicação.

Elemento material e elemento quantitativo do fato gerador do ICMS-Comunicação

O elemento material do fato gerador do ICMS-Comunicação encontra-se previsto no supracitado art. 2º, III, da LC nº 87/1996, o qual transcrevemos novamente:

> Art. 2º. O imposto incide sobre:
> [...]
> III - prestações onerosas de serviços de comunicação, por qualquer meio, inclusive a geração, a emissão, a recepção, a transmissão, a retransmissão, a repetição e a ampliação de comunicação de qualquer natureza.

Conforme foi exaustivamente demonstrado, o núcleo do fato gerador do imposto se concretiza no momento em que um terceiro, em caráter negocial, realiza a transmissão de mensagens entre dois ou mais pontos. Esse, portanto, é o elemento material que, se vier a ocorrer, faz nascer o dever de pagar o imposto.

obrigação principal diz-se: I - contribuinte, quando tenha relação pessoal e direta com a situação que constitua o respectivo fato gerador; II - responsável, quando, sem revestir a condição de contribuinte, sua obrigação decorra de disposição expressa de lei".

[47] ATALIBA, Geraldo. *Hipótese de incidência tributária*. 5. ed. São Paulo: Malheiros, 1993. p. 97.

Não se inserem nessa definição as atividades meramente preparatórias do serviço de telecomunicação, como habilitação, instalação, locação etc., e nem os serviços complementares e de valor adicionado, na esteira do posicionamento do Supremo Tribunal Federal e do Superior Tribunal de Justiça.

Já o elemento quantitativo, por sua vez, consiste na expressão econômica do elemento material, sendo obtido mediante a conjugação da base de cálculo com a alíquota.

Em relação à base de cálculo do ICMS-Comunicação, o art. 13, III, da LC nº 87/1996, a define expressamente como o "preço do serviço":

> Art. 13. A base de cálculo do imposto é:
>
> [...]
>
> III - na prestação de serviço de transporte interestadual e intermunicipal e de comunicação, o preço do serviço.

Tomando-se como parâmetro o "preço do serviço" cobrado do usuário pelo prestador do serviço de telecomunicação, dever-se-á aplicar a alíquota do imposto prevista na legislação interna de cada estado-membro, de forma a se apurar o *quantum debeatur*.

Uma vez definidos esses pontos, passa-se a discorrer sobre os elementos pessoal, espacial e temporal do fato gerador da exação em questão, os quais precisam ser analisados conjuntamente, posto que estão umbilicalmente relacionados.

Os elementos pessoal, espacial e temporal do fato gerador do ICMS-Comunicação

Como se sabe, o elemento pessoal do fato gerador é composto tanto pelo sujeito ativo, ou seja, pelo ente público competente para instituir e cobrar o tributo, quanto pelo sujeito passivo, que é o responsável pelo pagamento do ICMS-Comunicação.

Em regra, o sujeito passivo reside na figura do prestador do serviço de comunicação – isto é, na operadora de telefonia, de televisão a cabo, de internet etc., segundo o art. 4º da LC nº 87/1996[48] –, cabendo o imposto ao estado-membro em que se considerar ocorrido o fato gerador. A própria legislação, contudo, admite algumas exceções, como ocorre com a importação de serviço.

O que se nota, na verdade, é que a definição do elemento espacial do ICMS-Comunicação é a pedra de toque para que se estabeleça o sujeito ativo e o próprio estabelecimento do contribuinte (sujeito passivo) que deverá proceder ao recolhimento do imposto.

Na LC nº 87/1996, um único dispositivo (art. 11, III) é responsável pela demarcação de todos esses aspectos do fato gerador do imposto:

> Art. 11. O local da operação ou da prestação, para os efeitos da cobrança do imposto e definição do estabelecimento responsável, é:
> [...]
> III - tratando-se de prestação onerosa de serviço de comunicação:
> a) o da prestação do serviço de radiodifusão sonora e de som e imagem, assim entendido o da geração, emissão, transmissão e retransmissão, repetição, ampliação e recepção;

[48] LC nº 87/1996: "Art. 4º. Contribuinte é qualquer pessoa, física ou jurídica, que realize, com habitualidade ou em volume que caracterize intuito comercial, operações de circulação de mercadoria ou prestações de serviços de transporte interestadual e intermunicipal e de comunicação, ainda que as operações e as prestações se iniciem no exterior".

b) o do estabelecimento da concessionária ou da permissionária que forneça ficha, cartão, ou assemelhados com que o serviço é pago;
c) o do estabelecimento destinatário do serviço, na hipótese e para os efeitos do inciso XIII do art. 12 [abaixo transcrito];
c-1) o do estabelecimento ou domicílio do tomador do serviço, quando prestado por meio de satélite;
d) onde seja cobrado o serviço, nos demais casos;
IV - tratando-se de serviços prestados ou iniciados no exterior, o do estabelecimento ou do domicílio do destinatário.

Portanto, se estivermos diante de serviço de radiodifusão, caberá o ICMS-Comunicação ao estado em que estiver localizado o estabelecimento que emitir, transmitir, retransmitir, repetir ou ampliar os sinais, sendo esse o sujeito passivo da exação. Da mesma forma, se o caso for de serviço pré-pago por meio de ficha, cartão ou assemelhado, o imposto caberá ao Estado em que estiver situado o estabelecimento que os fornecer. Já no caso de utilização, por contribuinte, de serviço cuja prestação se tenha iniciado em outro estado e não esteja vinculada a operação ou prestação subsequente, o ICMS-Comunicação deverá ser recolhido pelo estabelecimento tomador (para o estado em que se localiza). Por outro lado, se o serviço de comunicação estiver sendo prestado por meio de satélite, será devido o imposto pelo prestador para o local em que se encontra estabelecido o tomador. Contudo, se o caso for de importação de serviço de comunicação, o imposto será devido pelo destinatário ao estado em que está localizado seu estabelecimento. Por fim, caso não se esteja diante de nenhuma das situações anteriores, o prestador deverá recolher o imposto para o local em que o serviço for cobrado (apesar de se tratar de regra residual, é a que acaba sendo aplicada na maior parte das situações).

Esclarecidas as linhas básicas a respeito dos elementos pessoal e espacial, cabe registrar o aspecto temporal do fato gerador do ICMS-Comunicação, o qual está estabelecido no art. 12, VII, X e XIII, e § 1º da LC nº 87/1996:

> Art. 12. Considera-se ocorrido o fato gerador do imposto no momento:
> [...]
> VII - das prestações onerosas de serviços de comunicação, feita por qualquer meio, inclusive a geração, a emissão, a recepção, a transmissão, a retransmissão, a repetição e a ampliação de comunicação de qualquer natureza;
> [...]
> X - do recebimento, pelo destinatário, de serviço prestado no exterior;
> [...]
> XIII - da utilização, por contribuinte, de serviço cuja prestação se tenha iniciado em outro Estado e não esteja vinculada a operação ou prestação subsequente;
> [...]
> § 1º. Na hipótese do inciso VII, quando o serviço for prestado mediante pagamento em ficha, cartão ou assemelhados, considera-se ocorrido o fato gerador do imposto quando do fornecimento desses instrumentos ao usuário.

Tais dispositivos estão em perfeita harmonia com as determinações constantes do inciso III do art. 11 da LC nº 87/1996, por meio dos quais se infere que o ICMS, regra geral, deverá ser recolhido no momento em que ocorrer a efetiva prestação do serviço de comunicação, ou seja, quando se realizar a transmissão das mensagens em caráter oneroso entre dois ou mais pontos (o que, na prática, acaba se aplicando também para as situações específicas previstas nos incisos X e XIII do art. 12).

Essas são, por assim dizer, as diretrizes gerais referentes aos últimos três elementos do fato gerador do ICMS-Comunicação. De todo modo, alguns comentários ainda se fazem necessários, pois, mesmo diante das disposições citadas, há diversas discussões relacionadas ao local para o qual o imposto deve ser recolhido.

Alguns desses debates passam a ser analisados brevemente nas subseções a seguir.

A tributação antecipada dos serviços de comunicação prestados por meio de cartões telefônicos

Substancialmente, inexiste qualquer distinção na tributação pelo ICMS dos serviços de comunicação pré-pagos, que são, pela regra matriz constitucional, absolutamente idênticos aos serviços pós-pagos. No entanto, certas peculiaridades mostram-se especialmente relevantes. Nesse sentido, vale transcrever alguns dispositivos da LC nº 87/1996:

> Art. 11. O local da operação ou da prestação, para os efeitos da cobrança do imposto e definição do estabelecimento responsável, é:
>
> [...]
>
> III - tratando-se de prestação onerosa de serviço de comunicação:
>
> [...]
>
> b) o do estabelecimento da concessionária ou da permissionária que forneça ficha, cartão, ou assemelhados com que o serviço é pago.
>
> Art. 12. Considera-se ocorrido o fato gerador do imposto no momento:
>
> [...]
>
> VII - das prestações onerosas de serviços de comunicação, feita por qualquer meio, inclusive a geração, a emissão, a recepção,

a transmissão, a retransmissão, a repetição e a ampliação de comunicação de qualquer natureza;

[...]

§ 1º. Na hipótese do inciso VII, quando o serviço for prestado mediante pagamento em ficha, cartão ou assemelhados, considera-se ocorrido o fato gerador do imposto quando do fornecimento desses instrumentos ao usuário.

Art. 13. A base de cálculo do imposto é:

[...]

III - na prestação de serviço de transporte interestadual e intermunicipal e de comunicação, o preço do serviço.

Da análise dos referidos dispositivos, percebe-se que, pela LC nº 87/1996:

1) o fato gerador do ICMS-Comunicação ocorre no momento da entrega dos cartões ou assemelhados ao usuário, que é o consumidor final (art. 12, § 1º);
2) os cartões e assemelhados são "meios de pagamento dos serviços" (a qualificação é dos arts. 11, III, "b" e 12, § 1º *supra*);
3) a base de cálculo do imposto é o preço do serviço, isto é, o valor efetivamente cobrado pelo serviço de comunicação (art. 13, III);
4) o fato gerador reputa-se ocorrido (e o imposto deve ser pago) para o estado em que estiver situado o estabelecimento da operadora que forneça os cartões ou assemelhados;
5) contribuinte do imposto é a operadora de telefonia, e não o intermediário dos cartões e assemelhados entre esta e o consumidor final, qualquer que seja a forma de contratação adotada.

Como se vê, os cartões telefônicos não são espécie de mercadoria (a serem tributados pelo ICMS-Circulação de Mercadoria), representando apenas a forma com que o usuário efetua o pagamento por serviços de comunicação, de modo que devem ser tributados seguindo os ditames do ICMS-Comunicação.

Nessa linha, pode-se notar um cenário atípico na tributação dos serviços de comunicação prestados por meio de cartões: o imposto incide antes mesmo de a operadora executá-los em favor do usuário. Ou seja, temos uma verdadeira antecipação do momento da ocorrência do fato gerador, situação essa que, vale registrar, não se confunde com a substituição tributária (seja para frente ou para trás), na medida em que a operadora *não* está recolhendo o imposto eventualmente devido por outrem. Trata-se, no caso, de recolhimento de ICMS sobre fato gerador *próprio*, que será feito antes da efetiva prestação do serviço de comunicação.

Essa particularidade – que não se coaduna com o conceito de responsável, previsto no art. 121 do CTN,[49] e nem de substituição tributária, previsto no art. 150, § 7º, da Constituição[50] – já levou inúmeros doutrinadores a entender pela inconstitucionalidade do dispositivo da Lei Kandir. Por todos, vale conferir as palavras de Roque Antônio Carrazza:

> Estamos convencidos de que não cabe ICMS-Comunicação sobre as meras vendas de cartões telefônicos (indutivos e para

---

[49] CTN: "Art. 121. Sujeito passivo da obrigação principal é a pessoa obrigada ao pagamento de tributo ou penalidade pecuniária. Parágrafo único. O sujeito passivo da obrigação principal diz-se: I - contribuinte, quando tenha relação pessoal e direta com a situação que constitua o respectivo fato gerador; II - responsável, quando, sem revestir a condição de contribuinte, sua obrigação decorra de disposição expressa de lei".

[50] CF/1988: "Art. 150. Sem prejuízo de outras garantias asseguradas ao contribuinte, é vedado à União, aos Estados, ao Distrito Federal e aos Municípios: [...] § 7º. A lei poderá atribuir a sujeito passivo de obrigação tributária a condição de responsável pelo pagamento de imposto ou contribuição, cujo fato gerador deva ocorrer posteriormente, assegurada a imediata e preferencial restituição da quantia paga, caso não se realize o fato gerador presumido".

> celulares). Com efeito, eles apenas possibilitam a prestação dos serviços de comunicação. Quando a prestação ocorrer, mercê da utilização dos referidos cartões, aí, sim, haverá a incidência do tributo.[51]

O argumento de inconstitucionalidade da regra em apreço, pode-se perceber, passa pelo descompasso entre o fato gerador do imposto (prestação de serviço de comunicação) e o momento eleito para a apuração do ICMS-Comunicação (venda do cartão telefônico), o que, via de regra, somente seria possível na substituição tributária para frente.

Por outro lado, defendem os fiscos que essa sistemática (que impõe o pagamento do ICMS no momento da venda do cartão para o estado em que essa operação ocorrer) vai ao encontro do princípio da praticidade, pois seria muito difícil controlar o momento e a unidade federada em que os créditos são utilizados.

Até a presente data, contudo, os referidos dispositivos permanecem válidos, não havendo manifestação do Supremo Tribunal Federal reconhecendo sua inconstitucionalidade.

O curioso é que os estados se mostraram insatisfeitos com a sistemática em questão, tendo sido, em função disso, editado o Convênio ICMS nº 126/1998 que antecipou ainda mais a ocorrência do fato gerador do ICMS, ao determinar que o cartão fosse tributado na *entrega do mesmo a terceiro*, quando este o adquirir para fornecimento ao usuário final, ou na mera *transferência do cartão entre estabelecimentos da própria operadora localizados na mesma unidade federada*. Veja-se:

> Cláusula sétima. Relativamente à ficha, cartão ou assemelhados, será observado o seguinte:

[51] CARRAZZA, Roque Antônio. *ICMS*. 17. ed., rev. e ampl. até a EC nº 88/2015. São Paulo: Malheiros, 2015. p. 293.

> I - por ocasião da entrega, real ou simbólica, a terceiro para fornecimento ao usuário, mesmo que a disponibilização seja por meio eletrônico, a empresa de telecomunicação emitirá a Nota Fiscal de Serviço de Telecomunicações (NFST) com destaque do valor do imposto devido, calculado com base no valor tarifário vigente nessa data;
> II - nas operações interestaduais entre estabelecimentos de empresas de telecomunicação, será emitida Nota Fiscal, modelo 1 ou 1-A, com destaque do valor do ICMS devido, calculado com base no valor de aquisição mais recente do meio físico.
> Parágrafo único. O disposto no inciso I aplica-se, também, à remessa a estabelecimento da mesma empresa de telecomunicação localizado na mesma unidade federada, para fornecimento ao usuário do serviço.

Segundo André Mendes Moreira,[52] a regra em análise tem por justificativa uma situação fática: a maior parte dos cartões indutivos chega aos usuários finais por meio de distribuidores contratados pelas operadoras. Logo, por motivo de praticidade, decidiu-se tributar o cartão na saída da empresa de telecomunicação, seja quando o encaminha para o usuário final (art. 12, § 1º, da LC nº 87/1996), para um distribuidor (cláusula sétima, inciso I do Convênio ICMS nº 126/1998) ou mesmo para outro estabelecimento próprio, situado na mesma unidade federada (cláusula sétima, parágrafo único do Convênio ICMS nº 126/1998).

Com esta nova antecipação, o descompasso entre a incidência do ICMS e a efetiva prestação do serviço de comunicação se tornou ainda maior, pois o gravame passou a incidir mesmo antes da venda do cartão telefônico ao usuário final. Tal fato

[52] MOREIRA, André Mendes. *A tributação dos serviços de comunicação*, 2016, op. cit., p. 148.

não está definitivamente em sintonia com o sistema tributário nacional, não podendo sequer buscar fundamento de validade no tão aclamado princípio da praticidade.

No ano de 2005, o cenário se tornou ainda mais caótico. Isso porque alguns estados resolveram editar um novo ato convenial (Convênio Confaz nº 55/2005), que reparte a tributação dos cartões telefônicos:

1) Se o cartão se destinar à utilização em terminal de uso público (ou seja, orelhão), o ICMS será devido "por ocasião de seu fornecimento a usuário ou a terceiro intermediário para fornecimento a usuário", devendo o imposto ser recolhido "à unidade federada onde se der o fornecimento".
2) Se o cartão se destinar à utilização em terminal particular (celular, por exemplo), o ICMS será devido "por ocasião da sua disponibilização", isto é, "no momento de seu reconhecimento ou ativação pela empresa de telecomunicação, que possibilite seu consumo no terminal". Como se vê, no momento em que o usuário habilitar o crédito em seu celular, o fato gerador estará configurado, devendo o ICMS ser recolhido "à unidade federada onde o terminal estiver habilitado".

Veja-se:

> Cláusula primeira. Relativamente às modalidades pré-pagas de prestações de serviços de telefonia fixa, telefonia móvel celular e de telefonia com base em voz sobre Protocolo Internet (VoIP), disponibilizados por fichas, cartões ou assemelhados, mesmo que por meios eletrônicos, será emitida Nota Fiscal de Serviços de Telecomunicação – Modelo 22 (NFST), com destaque do imposto devido, calculado com base no valor tarifário vigente, na hipótese de disponibilização:
> I - para utilização exclusivamente em terminais de uso público em geral, por ocasião de seu fornecimento a usuário ou a terceiro

intermediário para fornecimento a usuário, cabendo o imposto à unidade federada onde se der o fornecimento;
II - de créditos passíveis de utilização em terminal de uso particular, por ocasião da sua disponibilização, cabendo o imposto à unidade federada onde o terminal estiver habilitado.
§ 1º. Para os fins do disposto no inciso II, a disponibilização dos créditos ocorre no momento de seu reconhecimento ou ativação pela empresa de telecomunicação, que possibilite o seu consumo no terminal.
§ 2º. Aplica-se o disposto no inciso I quando se tratar de cartão, ficha ou assemelhado, de uso múltiplo, ou seja, que possa ser utilizado em terminais de uso público e particular [Convênio Confaz nº 55/2005].

Da leitura dos dispositivos acima, vê-se que houve uma nova alteração nos elementos temporal e espacial do fato gerador do ICMS (especialmente no que diz respeito aos cartões de terminais de uso particular),[53] sem a edição de lei em sentido formal, evidentemente.

Vale dizer: há um substancial conflito de normas na tributação dos cartões destinados a terminais de uso particular, pois o Convênio nº 126/1998 determina que sejam tributados no momento do fornecimento ao terceiro intermediário ou ao usuário, cabendo o imposto ao estado em que ocorrer esse fornecimento, ao passo que o Convênio nº 55/2005 prevê a incidência do ICMS no momento da ativação dos créditos, devendo o imposto ser recolhido ao estado em que estiver habilitado o terminal particular.

O que agrava ainda mais a situação das operadoras é que grande parte dos estados não é signatária do Convênio nº

[53] Os cartões de terminais de uso público continuaram sendo tributados pelas mesmas regras do Convênio nº 126/1998.

55/2005, o que gera uma enorme insegurança jurídica por conta dos conflitos de competência que surgem em função da mesma operação ser tributada de forma diametralmente distinta pelos entes estaduais.

A tributação do serviço de televisão por assinatura prestado via satélite

Da mesma forma que ocorre com o fornecimento de fichas e cartões, no caso da tributação do serviço de televisão por assinatura via satélite também há um conflito entre normas conveniais.

Esse conflito ocorre quando o serviço prestado via satélite envolve mais de um estado da Federação, ou seja, quando o prestador e o tomador se encontram em entes diferentes. Explique-se.

A LC nº 87/1996, na redação original do art. 11, determinava, como regra geral, o pagamento do ICMS ao estado em que o serviço fosse cobrado (inciso III, "d").

Em linha com esse dispositivo, o Confaz, no ano de 1998, editou o Convênio nº 10, em que os estados-membros firmaram entendimento no sentido de que, nos serviços de comunicação prestados por meio de satélite, o ICMS deverá ser recolhido para o estado em que ocorrer a recepção dos sinais pelo usuário. Veja-se:

> Cláusula primeira. Nas prestações de serviço de comunicação, referentes a recepção de som e imagem por meio de satélite, quando o tomador do serviço estiver localizado em unidade federada diferente da unidade de localização da empresa prestadora do serviço, o recolhimento do ICMS deverá ser efetuado até o 10º dia do mês subsequente ao da prestação, através de Guia Nacional de Recolhimento de Tributos Estaduais - GNR, em favor da unidade federada onde ocorrer a recepção da respectiva comunicação.

Para dirimir qualquer tipo de dúvida, portanto, os entes estaduais firmaram o referido convênio, excluindo do estado em que está localizado o prestador qualquer pretensão sobre o ICMS caso o destinatário do serviço esteja estabelecido em outra unidade da Federação.

Dois anos depois, contudo, a LC nº 102/2000 efetuou duas alterações no mencionado art. 11.

A primeira delas foi apenas positivar na LC nº 87/1996 a regra que consta na cláusula primeira do Convênio nº 10/1998, qual seja, a de que o ICMS, no caso de serviços prestados por meio de satélite, deverá ser recolhido para o local em que se encontra estabelecido o tomador (art. 11, III, "c-1").[54]

Já a segunda alteração, por sua vez, implicou uma modificação substancial no *status quo*. Trata-se do novel parágrafo sexto, que estabeleceu uma divisão do ICMS quando se estiver diante da prestação de serviço "não medido" envolvendo mais de um estado da Federação:

> Art. 11. [...]
> § 6º. Na hipótese do inciso III do *caput* deste artigo, tratando-se de serviços não medidos, que envolvam localidades situadas em diferentes unidades da Federação e cujo preço seja cobrado por períodos definidos, o imposto devido será recolhido em partes iguais para as unidades da Federação onde estiverem localizados o prestador e o tomador.

Por serviço "não medido", deve-se entender aquele que é cobrado por meio de preços fixos, que não variam de acordo com a intensidade de utilização. É o caso da *internet banda larga*

[54] LC nº 87/1996: "Art. 11. [...]. c-1) o do estabelecimento ou domicílio do tomador do serviço, quando prestado por meio de satélite".

e, por óbvio, da televisão por assinatura, em que o usuário paga um valor preestabelecido todo o mês, independentemente do quanto irá utilizar (tanto faz se o usuário trafegou 1, 2, ou 3 giga de dados pela internet, ou se assistiu a 100, 200 ou 300 horas de televisão: em todos os casos, o preço cobrado ao final do mês pelo prestador será exatamente o mesmo).

O que se tem, portanto, é que com a entrada em vigor da LC nº 102/2000 (que introduziu o § 6º no art. 11 da LC nº 87/1996), os serviços de televisão por assinatura via satélite passaram a se submeter a dois regimes de tributação: (1) se o prestador e o tomador do serviço estiverem situados no mesmo estado, aplicar-se-á a regra estabelecida na alínea "c-1"; (2) caso o prestador e o tomador do serviço estejam situados em estados diferentes, o ICMS deverá ser repartido igualmente entre os dois entes federados envolvidos (§ 6º).

Buscando regulamentar essa questão, foi editado o Convênio Confaz nº 52/2005, que, em sua cláusula primeira, assim dispõe:

> Cláusula primeira. Na prestação de serviços não medidos de televisão por assinatura, via satélite, cujo preço do serviço seja cobrado por períodos definidos, efetuada a tomador localizado em unidade federada distinta daquela em que estiver localizado o prestador, a base de cálculo do ICMS devido a cada unidade federada corresponde a 50% (cinquenta por cento) do preço cobrado do assinante.

A solução, como se vê, parecia ser simples. O problema é que alguns estados *não* assinaram o Convênio nº 52/2005, permanecendo sujeitos à cláusula primeira do Convênio nº 10/1998 (a qual não foi revogada pelo Confaz, mesmo estando em confronto com o § 6º do art. 11 da LC nº 87/1996), que impõe o pagamento do ICMS ao local em que está estabelecido o tomador do serviço de comunicação.

Em outras palavras, existem hoje duas normas conveniais em nítida rota de colisão, gerando uma enorme incerteza para os prestadores do serviço de televisão via satélite que operam em mais de um estado (e, como não poderia deixar de ser, uma série de autos de infração por todo o Brasil).

A decisão mais recente do STJ sobre o tema, apesar de não ter enfrentado esse conflito de normas, impôs o pagamento do ICMS conforme determina o § 6º do art. 11 da LC nº 87/1996. Veja-se:

> TRIBUTÁRIO. ICMS. SERVIÇO DE TELECOMUNICAÇÃO VIA SATÉLITE. COMPETÊNCIA TRIBUTÁRIA. ART. 11, § 6º, DA LEI COMPLEMENTAR 87/96. IMPOSTO RECOLHIDO EM PARTES IGUAIS PARA AS UNIDADES DA FEDERAÇÃO EM QUE ESTIVEREM LOCALIZADOS O PRESTADOR E O TOMADOR.
> 1. Discute-se nos autos a competência para cobrança de ICMS sobre serviços de comunicação via satélite na modalidade TV por assinatura cujos fatos geradores ocorreram posteriormente à vigência da Lei Complementar 102/2000.
> 2. Nos termos do art. 11, inciso III, alínea "c-1", da Lei Complementar 87/96 (com redação da Lei Complementar 102/2000), regra geral, para os serviços de comunicação via satélite, a cobrança do ICMS compete à unidade da Federação em que está situado o domicílio do tomador. Todavia, o § 6º do referido artigo traz uma exceção para os casos de serviços não medidos e cujo preço seja cobrado por períodos definidos.
> 3. Nos serviços de televisão por assinatura, o pagamento não é variável pelo tempo de utilização. O assinante opta por um pacote de canais e por ele pagará um valor fixo mensalmente. Logo, entende-se que o serviço prestado pela recorrente é não

> medido e o preço será cobrado por períodos definidos, qual seja, mensal. Desse modo, aplica-se ao caso dos autos o disposto no art. 11, § 6º, da Lei Complementar 87/96, segundo o qual se deve recolher o ICMS em partes iguais para as unidades da Federação em que estiverem localizados o prestador e o tomador. Recurso especial provido.[55]

A posição do STJ está absolutamente correta nesse caso, já que há uma regra específica na Lei Kandir determinando a divisão do ICMS em caso de serviços não medidos que envolvam mais de um estado da Federação. Em função disso, está clara a desconformidade da cláusula primeira do Convênio nº 10/1998 com o ordenamento jurídico nacional no que se refere aos serviços não medidos, como a televisão por assinatura.

Os prestadores de serviços de telecomunicações e o princípio da não cumulatividade

O direito de crédito de ICMS sobre os insumos adquiridos pelos prestadores de serviços de telecomunicações

A não cumulatividade está positivada no art. 155, § 2º, I, da Carta Magna:

> Art. 155. Compete aos Estados e ao Distrito Federal instituir impostos sobre:
> [...]
> II - operações relativas à circulação de mercadorias e sobre prestações de serviços de transporte interestadual e intermunicipal

[55] BRASIL. Superior Tribunal de Justiça. Segunda Turma. REsp nº 1.497.364/GO. Relator: ministro Humberto Martins. Julgamento em 3 de setembro de 2015. *DJe*, 14 set. 2015.

> e de comunicação, ainda que as operações e as prestações se iniciem no exterior;
>
> [...]
>
> § 2º. O imposto previsto no inciso II atenderá ao seguinte:
>
> I - será não cumulativo, compensando-se o que for devido em cada operação relativa à circulação de mercadorias ou prestação de serviços com o montante cobrado nas anteriores pelo mesmo ou outro Estado ou pelo Distrito Federal.

O referido dispositivo contempla regra que irradia efeitos na ordem jurídica e econômica. Entre eles, pode-se dizer que o mais importante é a transferência integral do ônus fiscal ao consumidor final, desonerando-se os agentes produtivos ao longo da cadeia para que se atinja a chamada neutralidade fiscal, de forma a amenizar os impactos decorrentes da incidência multifásica do ICMS.

A não cumulatividade, portanto, só atinge sua plenitude quando todos os agentes econômicos, por meio de um sistema de créditos e débitos, conseguem transferir para o elo seguinte o valor do imposto que foi pago nas operações anteriores e, com isso, não precisem majorar os preços de venda para se ressarcirem desses custos. Por outras palavras: a não cumulatividade permite que o imposto incidente (crédito fiscal) sobre as aquisições de bens e serviços vinculados ao processo produtivo seja oposto ao montante do imposto decorrente (débito fiscal) das operações de vendas subsequentes, garantindo a natureza jurídica ontológica dos chamados impostos sobre o consumo, que devem ser suportados financeiramente pelo consumidor final.

É importante registrar, contudo, que a não cumulatividade não representa inovação trazida pela Carta de 1988, pois a própria Constituição de 1967 e a EC nº 1/1969 impunham sua aplicação ao antigo ICM.

A questão é que, sob a égide das cartas anteriores, a definição dos materiais que gerariam direito de crédito para os contribuintes do antigo ICM estava bem definida. Vale dizer, como os contribuintes resumiam-se a industriais e comerciantes, passou-se a aceitar créditos sobre todos os materiais que fisicamente se incorporassem ao produto final ou que se desgastassem integralmente no curso do processo produtivo. É o caso da matéria-prima, do produto intermediário e do material de embalagem.

Esse critério, que admitia o direito de crédito de ICM sobre matéria-prima, produto intermediário e material de embalagem, ficou conhecido como "crédito físico".

Entretanto, com a entrada em vigor da nova ordem constitucional, outra classe de agentes econômicos passou a se sujeitar aos ditames da não cumulatividade, integrando o rol de contribuintes do antigo ICM (atual ICMS), quais sejam: os prestadores de serviços de comunicação e de transporte interestadual e intermunicipal.

Tal opção do constituinte gerou turbulências no sistema tributário, especialmente no que se refere à efetivação da não cumulatividade para os prestadores de serviços, os quais vêm encontrando fortíssima resistência por parte dos estados-membros no momento em que escrituram os créditos decorrentes de bens indispensáveis às suas atividades essenciais. Não se admite, por exemplo, que os prestadores de serviço de comunicação possam se creditar dos bens necessários ao funcionamento de centrais telefônicas.

O grande problema em torno dessa restrição reside na equivocada tentativa de compatibilização do critério do "crédito físico" com as peculiaridades da atividade desenvolvida pelos prestadores de serviço. De fato, como a prestação do serviço de comunicação não envolve a venda de um produto tangível, as administrações tributárias (e, em alguns momentos, o próprio

Poder Judiciário) classificam equivocadamente a maioria dos materiais adquiridos – por estarem presas ao clássico critério do crédito físico – como "bens de uso e consumo", os quais só passarão a gerar crédito a partir de 1º de janeiro de 2020.[56]

A linha defendida pelos estados-membros é que, tomando o critério do crédito físico como base, o núcleo da não cumulatividade diria respeito apenas aos bens que se incorporam fisicamente ao produto final (ou que se desgastam integralmente no curso do processo produtivo, como os bens intermediários). Para esse rol de insumos, o direito de crédito estaria garantido constitucionalmente, por compor o núcleo do princípio em questão. A escrituração de créditos além desse "mínimo", entretanto, só poderia ocorrer caso fosse expressamente autorizada pelo legislador infraconstitucional.[57]

Já os contribuintes, por sua vez, vêm sustentando que o critério do crédito físico, estabelecido na época do antigo ICM, não é suficiente para disciplinar o princípio da não cumulatividade em relação ao novo rol de sujeitos passivos do ICMS, que

---

[56] Nesse sentido, confira-se o art. 33, I, da Lei Complementar nº 87/1996 (redação dada pela LC nº 138/2010): "Art. 33. Na aplicação do art. 20 observar-se-á o seguinte: I - somente darão direito de crédito as mercadorias destinadas ao uso ou consumo do estabelecimento nele entradas a partir de 1º de janeiro de 2020".

[57] Este é o entendimento que sempre vigorou no seio do Supremo Tribunal Federal: "TRIBUTÁRIO. IMPOSTO SOBRE CIRCULAÇÃO DE MERCADORIAS E PRESTAÇÃO DE SERVIÇOS DE COMUNICAÇÃO E DE TRANSPORTE INTERMUNICIPAL E INTERESTADUAL. NÃO CUMULATIVIDADE. DIFERENÇA ENTRE CRÉDITO FÍSICO E CRÉDITO FINANCEIRO. DISCUSSÃO SOBRE O MODELO ADOTADO PELA CONSTITUIÇÃO DE 1988. PROCESSUAL CIVIL. AGRAVO REGIMENTAL. 1. Esta Corte tem sistematicamente entendido que a Constituição de 1988 não assegurou direito à adoção do modelo de crédito financeiro para fazer valer a não cumulatividade do ICMS, em toda e qualquer hipótese. Precedentes. 2. Assim, a adoção de modelo semelhante ao do crédito financeiro depende de expressa previsão constitucional ou legal, existente para algumas hipóteses e com limitações na legislação brasileira. 3. A pretensão do contribuinte, de assemelhar o ICMS a modelo ideal de Imposto sobre Valor Agregado – IVA, sem prejuízo dos inerentes méritos econômicos e de justiça fiscal, não ressoa na Constituição de 1988. Agravo regimental ao qual se nega provimento" (BRASIL. Supremo Tribunal Federal. Segunda Turma. RE nº 447.470/PR AgR. Relator: ministro Joaquim Barbosa. Julgamento em 14 de setembro de 2010. *DJe*, 8 out. 2010).

inclui prestadores de serviços. Isso porque tais contribuintes, diferentemente de industriais e comerciantes, não geram um produto final sobre o qual os insumos possam se agregar fisicamente, já que suas atividades são incorpóreas, intangíveis.

Os prestadores de serviço de comunicação não usam matérias-primas, nem produtos intermediários e nem materiais de embalagem, naquela concepção clássica. Não há, portanto, como se chegar ao seu rol de insumos mediante a contraposição desses conceitos com os chamados bens de uso e consumo, que são aqueles que o contribuinte utiliza na condição de consumidor final (e que, portanto, não estão inseridos no núcleo do postulado da não cumulatividade, na visão do crédito físico).

Assim, se for aplicada a clássica modelagem do crédito físico ao prestador de serviço de comunicação, resta mais do que claro que todos os materiais adquiridos serão considerados de mero "uso e consumo", de modo que não irão gerar direito à escrituração de crédito fiscal.

Diante disso, pergunta-se: apesar de serem contribuintes do ICMS, estariam os prestadores de serviço de transporte e comunicação fora do alcance da não cumulatividade?

Ora, parece-nos que não se pode disciplinar a atividade do prestador de serviço levando-se em consideração os conceitos que foram originalmente criados para industriais e comerciantes. Há uma incompatibilidade entre os referidos conceitos provenientes do critério do crédito físico e os novos contribuintes do imposto. Não se pode enquadrar, por exemplo, um material fundamental para o funcionamento de determinada central telefônica como simples bem de uso e consumo. Sua natureza deve ser de insumo, até porque irá compor o custo do serviço oferecido.

Esse racional, inclusive, encontra respaldo na própria LC nº 87/1996, pois, se seu art. 33, I, por um lado, só admite o creditamento de materiais de uso e consumo a partir de 2020 (conceito que, por óbvio, não pode ser aplicado indiscriminadamente aos prestadores de serviço, sob pena de violação ao princípio da não cumulatividade), o fato é que, por outro lado, o art. 20 garante a escrituração de créditos de ICMS sobre todos os bens que (1) não sejam alheios à atividade do estabelecimento e que (2) não resultem em uma prestação de serviço isenta ou não tributada (§ 1º).

Eis a redação do citado dispositivo:

> Art. 20. Para a compensação a que se refere o artigo anterior, é assegurado ao sujeito passivo o direito de creditar-se do imposto anteriormente cobrado em operações de que tenha resultado a entrada de mercadoria, real ou simbólica, no estabelecimento, inclusive a destinada ao seu uso ou consumo ou ao ativo permanente, ou o recebimento de serviços de transporte interestadual e intermunicipal ou de comunicação.
> § 1º. Não dão direito a crédito as entradas de mercadorias ou utilização de serviços resultantes de operações ou prestações isentas ou não tributadas, ou que se refiram a mercadorias ou serviços alheios à atividade do estabelecimento.
> § 2º. Salvo prova em contrário, presumem-se alheios à atividade do estabelecimento os veículos de transporte pessoal.

Sobre esse ponto, vale destacar que a Segunda Turma do Superior Tribunal de Justiça, ao julgar o Recurso Especial nº 1.175.166/MG, deixou consignado que o art. 20 teria ampliado "*a possibilidade de creditamento, pois fez referência apenas à vinculação dos insumos à atividade do estabelecimento, mas não à necessidade de que eles integrem o produto final (art. 20, § 1º)*". Com base nisso, entendeu a Corte Superior que o prestador de serviço de transporte poderia se creditar de todos os bens que fossem aplicados e consumidos nos veículos de propriedade da empresa, o que é perfeitamente aplicável ao prestador de serviço de telecomunicação.

> TRIBUTÁRIO. ICMS. CONTRIBUINTE PRESTADORA DE SERVIÇOS DE TRANSPORTE. PEÇAS DE VEÍCULOS UTILIZADOS NA ATIVIDADE. INSUMOS. CREDITAMENTO. ART. 20 DA LC 87/1996.
> 1. Hipótese em que a contribuinte pretende creditar-se do ICMS incidente sobre aquisição de mercadorias que classifica como insumos essenciais para a prestação do serviço, quais sejam peças para os veículos utilizados no transporte interestadual e intermunicipal. O Tribunal a quo reconheceu a possibilidade de creditamento apenas em relação a combustível, lubrificante, pneus, câmaras de ar e material de limpeza, por estarem previstos expressamente no art. 66, IV, do Regulamento do ICMS mineiro.
> 2. Antes da atual LC 87/1996, vigia o Convênio Interestadual ICMS 66/1988, que regulava nacionalmente o ICMS, com força de lei complementar federal. O art. 31, III, previa o creditamento relativo aos insumos desde que: a) fossem consumidos no processo industrial e b) integrassem o produto final na condição de elemento indispensável a sua composição.
> 3. Com base nessa legislação, o STJ firmou entendimento de que somente os insumos que atendessem a essas duas condições (consumidos no processo e integrantes do produto final) permitiriam o creditamento.
> 4. Ocorre que a LC 87/1996 ampliou a possibilidade de creditamento, pois fez referência apenas à vinculação dos insumos à atividade do estabelecimento, mas não à necessidade de que eles integrem o produto final (art. 20, § 1º).
> 5. *In casu*, o Tribunal de origem consignou que a perícia realizada em primeira instância aferiu que "determinados bens sofrem desgaste total no processo ínsito ao objeto social da

empresa contribuinte". Porém, é impossível afirmar ser isso incontroverso, como alega a contribuinte, já que o Tribunal de Justiça entendeu irrelevante para o deslinde da demanda, pois "tal fato por si só não altera a classificação legal dos bens e a limitação ao aproveitamento dos créditos pretendidos".
6. Os autos devem retornar à origem para que o TJ-MG analise as provas e verifique se os insumos suscitados pela contribuinte são, efetivamente, aplicados e consumidos na atividade-fim da empresa. Em caso positivo, deverá reconhecer o direito ao creditamento, nos termos do art. 20 da LC 87/1996, ainda que esses bens não integrem o produto final (prestação do serviço de transporte). [...]
8. Recurso Especial parcialmente provido.[58]

O STJ, no caso acima, superou as linhas clássicas do critério do "crédito físico" para garantir que o prestador de serviço tributado pelo ICMS se aproveitasse dos créditos inerentes aos bens aplicados diretamente em sua atividade-fim, de forma a fazer valer o princípio da não cumulatividade previsto na Carta Magna.

O caso da energia elétrica

Ainda em relação à questão dos insumos, é de se notar que, na prestação de serviços de telefonia fixa e móvel, a energia elétrica se apresenta como insumo absolutamente essencial, pois é convertida em onda eletromagnética ou radioelétrica pelos equipamentos voltados para a prestação do serviço. Ou seja, a energia elétrica é utilizada em todos os processos da telefonia,

[58] BRASIL. Superior Tribunal de Justiça. Segunda Turma. Recurso Especial nº 1.175.166/MG. Relator: ministro Herman Benjamim. Julgamento em 16 de março de 2010. *DJ*, 26 mar. 2010.

incluindo os equipamentos de comutação, de infraestrutura, de segurança da continuidade e climatização ambiental.

De plano, já seria possível atestar que a energia elétrica, por força do art. 20 da LC nº 87/1996, geraria direito de crédito na condição de insumo.

Contudo, além do seu enquadramento como insumo, existe outro argumento apto a justificar a tomada dos créditos de ICMS, qual seja: a energia elétrica adquirida pelas operadoras de telefonia passa por um processo de "industrialização", na medida em que é transformada em pulsos eletromagnéticos capazes de transmitir os sinais de voz.

Há, por assim dizer, uma alteração na natureza da energia elétrica, o que caracteriza um processo de industrialização nos termos do art. 33, II, "b", da LC nº 87/1996:

> Art. 33. Na aplicação do art. 20 observar-se-á o seguinte:
> [...]
> II - somente dará direito a crédito a entrada de energia elétrica no estabelecimento:
> [...]
> b) quando consumida no processo de industrialização.

Corrobora esse argumento o fato de os serviços de telecomunicação serem definidos, para todos os fins, como indústria básica pelo Decreto Federal nº 640/1962.[59] É justamente esse

[59] Decreto nº 640/1962: "Art. 1º. Os serviços de telecomunicações, para todos os efeitos legais, são considerados indústria básica, de interesse para o fomento da economia do país e de relevante significado para a segurança nacional. § 1º. O Banco Nacional de Desenvolvimento Econômico fica autorizado a incluir entre suas operações prioritárias as que visam ao desenvolvimento e reaparelhamento dessa indústria. § 2º. Para o fim mencionado no parágrafo anterior, o Banco Nacional do Desenvolvimento Econômico poderá adquirir títulos ou ações de empresas concessionárias, ou se sub-rogar nos direitos dos emitidos em seu favor, bem como adotar outras providências de caráter bancário. § 3º. Sempre que se tratar de financiamento ou investimento resultante de provocação

caráter industrial que legitima o creditamento do ICMS incidente na aquisição de energia elétrica, visto que esta é "consumida no processo de industrialização".

Confirmando esse entendimento, a Primeira Seção do Superior Tribunal de Justiça, no bojo do recurso especial representativo de controvérsia nº 1.201.635/MG (cf. art. 543-C do CPC), julgado em 12 de junho de 2013, deu provimento ao pleito do contribuinte para declarar a legitimidade do aproveitamento dos créditos de ICMS sobre energia elétrica utilizada na prestação dos serviços de telecomunicação. Veja-se:

> TRIBUTÁRIO. RECURSO ESPECIAL REPRESENTATIVO DA CONTROVÉRSIA (CPC, ART. 543-C). ICMS. ENERGIA ELÉTRICA CONSUMIDA PELAS PRESTADORAS DE SERVIÇOS DE TELECOMUNICAÇÕES. CREDITAMENTO. POSSIBILIDADE. ART. 33, II, "B", DA LC 87/96. EQUIPARAÇÃO À INDÚSTRIA BÁSICA PARA TODOS OS EFEITOS LEGAIS. ART. 1º DO DECRETO 640/62. VALIDADE E COMPATIBILIDADE COM O ORDENAMENTO ATUAL. PRINCÍPIO DA NÃO CUMULATIVIDADE. OBSERVÂNCIA. PRECEDENTE DA PRIMEIRA SEÇÃO: RESP 842.270/RS.
>
> 1. A disposição prevista no art. 1º do Decreto 640/62, equiparando os serviços de telecomunicações à indústria básica, para todos os efeitos legais, é válida e compatível com a legislação superveniente e atual, continuando em vigor, já que não houve revogação formal do aludido decreto.
>
> 2. A Primeira Seção do STJ, no julgamento do REsp 842.270/RS, firmou compreensão no sentido de que o ICMS incidente

do Governo, por iniciativa do Presidente do Conselho de Ministros, o Banco Nacional do Desenvolvimento Econômico, poderá, inclusive, agir na qualidade que lhe é atribuída pelo art. 8º da Lei nº 1.628, de 20 de junho de 1952. Art. 2º. Este decreto entra em vigor na data de sua publicação, revogadas as disposições em contrário".

sobre a energia elétrica consumida pelas empresas de telefonia, que promovem processo industrial por equiparação, pode ser creditado para abatimento do imposto devido quando da prestação de serviços. Inteligência dos arts. 33, II, b, da Lei Complementar 87/96, e 1º do Decreto 640/62.

3. Ademais, em virtude da essencialidade da energia elétrica, enquanto insumo, para o exercício da atividade de telecomunicações, induvidoso se revela o direito ao creditamento de ICMS, em atendimento ao princípio da não cumulatividade.

4. O princípio da não cumulatividade comporta três núcleos distintos de incidência: (I) circulação de mercadorias; (II) prestação de serviços de transporte; e (III) serviços de comunicação.

5. "O art. 33, II, da LC 87/96 precisa ser interpretado conforme a Constituição, de modo a permitir que a não cumulatividade alcance os três núcleos de incidência do ICMS previstos no Texto Constitucional, sem restringi-la à circulação de mercadorias, sem dúvida a vertente central, mas não única hipótese de incidência do imposto" (REsp 842.270/RS, Rel. Ministro LUIZ FUX, Rel. p/ Acórdão Ministro CASTRO MEIRA, PRIMEIRA SEÇÃO, julgado em 23/05/2012, DJe 26/06/2012).

6. Recurso especial a que se dá provimento. Acórdão submetido ao rito do art. 543-C do CPC e da Resolução STJ 8/2008.[60]

Registre-se apenas que, mesmo diante desse julgado, os fiscos estaduais continuam entendendo que a energia não passa por um processo de industrialização, sendo ainda mero bem de uso e consumo, nos termos do art. 33, I, da LC nº 87/1996, de modo que não geraria direito de crédito.

[60] BRASIL. Superior Tribunal de Justiça. Primeira Seção. Recurso Especial nº 1.201.635/MG. Relator: ministro Sérgio Kukina. Julgamento em 12 de junho de 2013. *DJe*, 21 out. 2013.

A interconexão de redes e o coeficiente de saídas tributadas

A natureza do coeficiente de saídas tributadas

O coeficiente de saídas tributadas é um instrumento previsto na legislação que visa permitir a apuração correta do montante de créditos de ICMS que pode ser tomado pelos contribuintes quando da aquisição de bens integrantes do ativo permanente.

Em âmbito nacional, a forma de cálculo do coeficiente de saídas tributadas encontra-se prevista no art. 20, § 5º, da LC nº 87/1996:

> Art. 20. Para a compensação a que se refere o artigo anterior, é assegurado ao sujeito passivo o direito de creditar-se do imposto anteriormente cobrado em operações de que tenha resultado a entrada de mercadoria, real ou simbólica, no estabelecimento, inclusive a destinada ao seu uso ou consumo ou ao ativo permanente, ou o recebimento de serviços de transporte interestadual e intermunicipal ou de comunicação.
>
> [...]
>
> § 5º. Para efeito do disposto no *caput* deste artigo, relativamente aos créditos decorrentes de entrada de mercadorias no estabelecimento destinadas ao ativo permanente, deverá ser observado:
>
> I - a apropriação será feita à razão de um quarenta e oito avos por mês, devendo a primeira fração ser apropriada no mês em que ocorrer a entrada no estabelecimento;
>
> II - em cada período de apuração do imposto, não será admitido o creditamento de que trata o inciso I, *em relação à proporção das operações de saídas ou prestações isentas ou não tributadas sobre o total das operações de saídas ou prestações efetuadas no mesmo período*;
>
> III - para aplicação do disposto nos incisos I e II deste parágrafo, o montante do crédito a ser apropriado será obtido multiplican-

> do-se o valor total do respectivo crédito pelo fator igual a 1/48 (um quarenta e oito avos) *da relação entre o valor das operações de saídas e prestações tributadas e o total das operações de saídas e prestações do período*, equiparando-se às tributadas, para fins deste inciso, as saídas e prestações com destino ao exterior ou as saídas de papel destinado à impressão de livros, jornais e periódicos [grifos nossos].

Como se vê, para a apuração do total de créditos de ICMS passível de aproveitamento, deve o contribuinte aplicar, em cada período de apuração, o *coeficiente de saídas tributadas*, que é representado pelo resultado da divisão do "valor das operações de saídas e prestações tributadas" *pelo* "total das operações de saídas e prestações do período".

Para ilustrar melhor o tema, eis a fração algébrica que dá origem ao coeficiente de saídas tributadas:

Numerador	Valor das operações de saídas e prestações tributadas
Denominador	Total das operações de saída e prestações do período

A lógica da aplicação do coeficiente é a de que só se pode admitir o aproveitamento do crédito vinculado aos bens do ativo permanente na estrita proporção das saídas e prestações de serviços tributadas pelo ICMS que forem por eles viabilizadas. Ou seja, o crédito do ativo permanente deve ser proporcional aos débitos de ICMS decorrentes de sua utilização.

Nesse contexto, para que tal objetivo seja atingido, a lei determina que o coeficiente seja calculado pela divisão das receitas advindas das saídas efetivamente tributadas pelo ICMS (numerador) pelo total das saídas e prestações do período (denominador). Mas, é importante registrar, por "total das operações de saídas e prestações do período" (denominador), devem ser entendidas apenas as receitas de atividades relacionadas ao fato gerador do ICMS (i.e., potencialmente tributáveis pelo imposto).

Ou seja, no *denominador* da fração algébrica não devem ser incluídos todos os valores que ingressaram no caixa da empresa, mas apenas aqueles relacionados às operações de circulação de mercadorias e às prestações de serviços alcançados potencialmente pelo ICMS. Desse modo, receitas de cunho financeiro ou decorrentes de atividades não relacionadas ao ICMS não devem interferir no cálculo do coeficiente, pois não estão relacionadas à utilização dos bens do ativo fixo adquiridos pela empresa.[61]

Já no *numerador* do coeficiente, devem ser incluídas todas as atividades inseridas na hipótese de incidência do imposto que foram "efetivamente" tributadas, ou seja, que não estavam albergadas por alguma imunidade ou benefício fiscal. Entre essas receitas, incluem-se também aquelas que foram tributadas por substituição ou diferimento, não havendo como considerá-las isentas ou imunes para fins de apuração do numerador do coeficiente.

Feitos esses esclarecimentos, passa-se a analisar o caso da interconexão de redes.

O caso da interconexão de redes

A interconexão de redes, vale dizer, ocorre quando uma operadora de telefonia cede a outra seus meios (ou seja, sua rede de telecomunicação) de forma onerosa para que essa possa prestar os serviços em questão aos seus usuários.

Tal operação é absolutamente fundamental para que se atinja a universalização das telecomunicações. De fato, no mo-

[61] Em síntese: se determinada receita está fora do âmbito do ICMS, ela não faz parte do cálculo, pois não pode interferir na relação entre as saídas e prestações tributadas e as saídas e prestações isentas e não tributadas.

mento em que ocorreu a privatização dos serviços de telefonia, o governo brasileiro, por meio do Plano Geral de Outorgas, dividiu o território nacional em áreas de atuação a que as concessionárias ficariam restritas.

Em decorrência, as prestadoras de serviços de telecomunicações possuem infraestrutura para a prestação do serviço apenas nas suas áreas de atuação, de modo que, sem a utilização das redes alheias, a comunicação entre dois pontos localizados em diferentes áreas seria impossível.

Nesse contexto, a Lei Geral das Telecomunicações (LGT), em seu art. 146, determina ser obrigatória a interconexão de redes:

> Art. 146. As redes serão organizadas como vias integradas de livre circulação, nos termos seguintes:
> I - é obrigatória a interconexão entre as redes, na forma da regulamentação;
> II - deverá ser assegurada a operação integrada das redes, em âmbito nacional e internacional;
> III - o direito de propriedade sobre as redes é condicionado pelo dever de cumprimento de sua função social.
> Parágrafo único. Interconexão é a ligação entre redes de telecomunicações funcionalmente compatíveis, de modo que os usuários de serviços de uma das redes possam comunicar-se com usuários de serviços de outra ou acessar serviços nela disponíveis.

O resultado é que uma mesma ligação telefônica pode ensejar duas prestações sucessivas e distintas de serviços de telecomunicação:

- primeira prestação:
  prestador: a companhia que origina a chamada;

tomador: o assinante desta;

preço: a tarifa cobrada em conta telefônica;

- segunda prestação:

  prestador: a companhia que termina a chamada (que é a cedente dos meios de rede);

  tomador: o assinante, por intermédio da companhia que a origina (que é a cessionária dos meios de rede);

  preço: a tarifa de interconexão.

Vê-se, portanto, que a companhia que iniciou a chamada: (1) paga um valor à companhia que lhe cedeu os meios de rede; (2) cobra do usuário o valor despendido com a interconexão.

No que diz respeito à incidência do ICMS sobre os referidos serviços (isto é, sobre a cessão de meios de rede e sobre a prestação do serviço ao usuário final), os estados da Federação, por meio do Confaz, editaram o Convênio ICMS nº 126/1998, definindo a operadora cessionária dos meios de rede como a única responsável pelo recolhimento do ICMS.

A esse respeito, confira-se a redação do *caput* da cláusula 10ª do Convênio nº 126/1998:

> Cláusula décima. Na prestação de serviços de comunicação entre empresas de telecomunicação relacionadas no Ato COTEPE 10/08, de 23 de abril de 2008, prestadoras de Serviço Telefônico Fixo Comutado – STFC, Serviço Móvel Celular – SMC ou Serviço Móvel Pessoal – SMP, o imposto incidente sobre a cessão dos meios de rede será devido apenas sobre o preço do serviço cobrado do usuário final.

Como visto, o Convênio nº 126/1998 foi expresso em afirmar que "o imposto incidente sobre a cessão dos meios de rede será devido apenas sobre o preço do serviço cobrado do usuário final" (atualmente, a cláusula 10ª do convênio em comento se encontra revogada, mas o tema continua sendo tratado da mesma forma pelo Convênio nº 17/2013).

Em outras palavras, sobre o valor cobrado do usuário final pela operadora cessionária dos meios, incidirá regularmente o ICMS; o recolhimento desse valor, por sua vez, extinguirá tanto a obrigação do cedente dos meios quanto a obrigação do próprio cessionário.

É nesse ponto que vem à tona a questão do coeficiente de saídas tributadas.

De fato, no momento em que se atribuiu ao cessionário dos meios de rede a responsabilidade pelo recolhimento de ICMS sobre toda a "cadeia", a operadora cedente parou de destacar o imposto ao emitir as notas fiscais para acobertar as operações em questão.

Em função disso, os fiscos estaduais passaram a sustentar que, para o cedente de meios de rede, as operações de interconexão deveriam figurar unicamente no *denominador* da fração algébrica, pois não eram tributadas pela empresa.

Depois de muita discussão, em especial na esfera administrativa (conselhos de contribuintes estaduais), começou a se pacificar o entendimento de que essas operações, ao contrário do que entendiam os fiscos, eram sim tributadas, só que por meio da técnica do diferimento, de modo que deveriam impactar tanto o *numerador* quanto o *denominador* do coeficiente de saídas tributadas.

A esse respeito, vale conferir trecho muito elucidativo do *leading case* sobre o tema no âmbito do Conselho de Contribuintes do Estado do Rio de Janeiro (CC/RJ):

> Contudo, no caso em tela, a ora Recorrente, contribuinte do setor de telecomunicações, realiza também operações que, apesar de não indicarem formalmente débitos de imposto são, ao longo da cadeia produtiva, plenamente tributáveis e autorizadoras do

respectivo crédito fiscal, sendo essas notoriamente: a cessão onerosa de meios de rede (Convênio "ICMS" nº 126/98) [...].

Por força de sua atividade, a Recorrente desenvolve serviços de cessão onerosa de sua rede a outras operadoras de serviços de telecomunicação, nos termos descritos na Cláusula Décima do Convênio "ICMS" nº 126, de 11 de dezembro de 1998 [...].

Como se observa, quando ocorre a cessão onerosa de meios de redes de telecomunicações a outras empresas de telecomunicações mencionadas no Anexo Único do Convênio "ICMS" nº 126/98 [...], a Recorrente fica desobrigada do recolhimento do imposto incidente sobre tal operação, cuja responsabilidade resta atribuída à própria prestadora de serviço de telecomunicações (cessionária dos meios de redes).

Logo, transfere-se somente a responsabilidade – o que não significa exoneração do crédito tributário, tal como a isenção! – quanto ao recolhimento do ICMS, através do Convênio, às prestadoras de telecomunicações, quando estas promoverem a cobrança integral do respectivo valor diretamente do usuário do serviço, incluindo nessa ocasião o valor da remuneração de meios de redes a elas cedidos, donde se conclui que a operação de prestação de serviço de cessão onerosa de redes consiste em operação perfeitamente tributável pelo ICMS.

Dessa feita, torna-se imperioso entender que a ora Impugnante somente não recolhe o ICMS devido por essas operações pois, em virtude da vigência da referida Cláusula Décima, do Convênio "ICMS" nº 126/98, opera-se nítida hipótese de diferimento do tributo estadual, fato esse que, contudo, não possui o condão de fazer com que tais operações de cessão de redes deixem de estar sujeitas à incidência do ICMS, devendo, portanto, serem consideradas normalmente tributadas [...].[62]

[62] RIO DE JANEIRO. Conselho de Contribuintes do Estado do Rio de Janeiro. Segunda Câmara. Acórdão nº 6.291. Relator: conselheiro Eduardo Caetano Garcia. Redator:

Entendeu o CC/RJ, portanto, que não há isenção ou benefício fiscal na previsão contida na cláusula 10ª do Convênio nº 126/1998 a respeito da cessão de meios de rede, razão pela qual tais valores não podem impactar apenas o denominador do coeficiente.

Esse posicionamento, apesar de ainda gerar muita discussão, vem sendo reiterado pelos órgãos administrativos de julgamento dos demais estados-membros.

ISS: incidência sobre as atividades-meio e os serviços complementares

Alguns municípios, diante da não incidência de ICMS-Comunicação sobre as atividades-meio e os serviços complementares (já reconhecida pelo STJ e pelo STF), vêm exigindo o recolhimento do ISS das prestadoras de serviços de telecomunicações.

Os fiscos alegam que as atividades de habilitação, chamada em espera, siga-me, mudança de número etc. se enquadrariam como serviços de apoio técnico e administrativo previstos no item 17 da lista de serviços tributáveis anexa à LC nº 116/2003.[63]

Os contribuintes, por sua vez, contestam a pretensão fiscal, sob dois fundamentos.

Em primeiro lugar, sustentam que o item 17 da lista anexa à LC nº 116/2003 (precedido pelo item 29 da lista anexa ao Decreto-Lei nº 406/1968, que falava em "datilografia, estenografia, expediente, secretaria em geral e congêneres") não englobaria os serviços complementares e as atividades-meio oferecidas pelas operadoras de telefonia a seus clientes. Tanto é assim que no Projeto de LC nº 1-B de 2001, que deu origem à LC nº 116/2003,

conselheiro Ronaldo Redenschi, em 1º de abril de 2008. Decisão publicada no *DO* de 20 maio 2009.

[63] "17 – Serviços de apoio técnico, administrativo, jurídico, contábil, comercial e congêneres."

havia previsão de inclusão das referidas atividades na lista de serviços tributáveis. Veja-se a redação original do projeto de lei:

> 41 - Serviços especiais ou adicionais às atividades relacionadas aos setores energético, de comunicação, água e esgoto.
> 41.01 - Habilitação de aparelhos e equipamentos, inclusive sua suspensão, cancelamento ou alteração.
> 41.02 - Emissão e reemissão de contas e vias de controle, cancelamento de serviços, escolha de número, troca de aparelho, transferência permanente ou temporária de assinatura, mudança de número ou endereço, troca de plano tarifário, reprogramação, aviso de mensagem, troca de senha e congêneres.
> 41.03 - Transferência temporária de chamadas (siga-me), chamada em espera, bloqueio controlado de chamadas, conversação simultânea (teleconferência), videotexto, serviço "não perturbe", serviço de criptografia, de sindicância em linha telefônica, serviços de agenda, interceptação de chamada a assinante deslocado, correio de voz, caixa postal, identificador de chamada, bloqueio e desbloqueio do aparelho ou equipamento, inspeção telefônica e congêneres.
> 41.04 - Ligação, religação, restauração e manutenção de pontos e redes de energia elétrica, comunicação, água, esgoto, gás e congêneres.

Tais itens, entretanto, não foram mantidos na redação final da LC nº 116/2003, o que seria a prova de que não estão as atividades-meio e os serviços complementares previstos na lista. E, como se sabe, só é possível tributar o serviço que estiver previsto de forma expressa na lista. Esse caráter taxativo, inclusive, já foi reconhecido pela Primeira Seção do Superior Tribunal de Justiça, a qual só admite uma exceção quando o serviço que se pretender tributar for idêntico a algum outro que já se encontre previsto na lista, não sendo suficiente – para essa interpretação extensiva

– a existência de algumas semelhanças entre os serviços (nesse sentido, EREsp nº 887.360/BA, de relatoria do ministro Mauro Campbell Marques, julgado em 23 de fevereiro de 2011).

Dito isso, é de se notar ainda que houve outro projeto de lei (PLC nº 263, de 2005) que propôs a alteração da LC nº 116/2003 para lá incluir as atividades-meio e os serviços complementares oferecidos pelas operadoras de telefonia:

> Art. 2º. A lista de serviços anexa à Lei Complementar nº 116, de 2003, passa a vigorar acrescida do seguinte item:
> 41 - Serviços acessórios e de valor adicionado relativos à telefonia móvel celular.
> 41.1 - habilitação, cadastramento, assinatura, transferência, ativação e desativação de aparelhos e usuários.
> 41.2. - Serviços de transferência temporária de chamadas, bloqueio, correio de voz, despertador, conversa simultânea, pager, remessa de imagens e dados, mensagem eletrônica pré-gravada e demais serviços de valor adicionado, nos termos do art. 61 da Lei nº 9.247, de 16 de julho de 1997.

Contudo, o referido projeto de lei complementar foi arquivado em 31 de janeiro de 2007, após o deputado Virgílio Guimarães, da Comissão de Finanças e Tributação, o ter rejeitado no mérito, fato que reforça a primeira linha defendida pelos contribuintes.

Como segundo argumento, sustentam as operadoras de telefonia que mesmo que determinada atividade-meio estivesse prevista de forma genérica na lista, como a instalação e a manutenção de equipamentos (previstas nos itens 14.01 e 14.06),[64]

[64] "14.01 – Lubrificação, limpeza, lustração, revisão, carga e recarga, conserto, restauração, blindagem, manutenção e conservação de máquinas, veículos, aparelhos, equipamentos, motores, elevadores ou de qualquer objeto (exceto peças e partes empre-

por exemplo, também não seria o caso de exigir o pagamento do imposto municipal, já que não se trataria de um serviço autêntico, ou seja, de um serviço que representa um fim em si mesmo.

Assim, como são apenas preparatórios (ou acessórios) ao serviço de comunicação propriamente dito, não poderiam ser alvo do ISS, pois o que deve ser tributado, segundo a lógica da norma impositiva, é a integralidade do serviço, e não seus atos intermediários.

Neste sentido encontra-se a doutrina de Ayres F. Barreto:

> Alvo de tributação é o esforço humano prestado a terceiro como fim ou objeto. Não as suas etapas, passos ou tarefas intermediárias, necessárias à obtenção do fim. Não a ação desenvolvida requisito ou condição do *facere* (fato jurídico posto no núcleo da hipótese de incidência do tributo).[65]

O Superior Tribunal de Justiça também já se posicionou dessa forma:

> TRIBUTÁRIO. ISS. SERVIÇOS. ATIVIDADE-MEIO. NÃO INCIDÊNCIA.
> 1. Não incide o ISS sobre serviços prestados que caracterizam atividades-meio para atingir atividades-fim, no caso a exploração de telecomunicações.
> 2. Marcelo Caron Baptista, em "ISS - Do Texto à Norma" editada pela Quartier Latin, p. 692, doutrina: "A prestação de serviço tributável pelo ISS é, pois, entre outras coisas, aquela em que o esforço do prestador realiza a prestação-fim, que está no centro

gadas, que ficam sujeitas ao ICMS). [...] 14.06 – Instalação e montagem de aparelhos, máquinas e equipamentos, inclusive montagem industrial, prestados ao usuário final, exclusivamente com material por ele fornecido."

[65] BARRETO, Aires F. ISS: atividade-meio e serviço-fim. *Revista Dialética de Direito Tributário*, n. 5, p. 72, 1996.

da relação contratual, e desde que não sirva apenas para dar nascimento a uma relação jurídica diversa entre as partes, bem como não caracteriza prestação do serviço de transporte interestadual, intermunicipal ou de comunicação, cuja tributação se dará pela via do ICMS".
3. São serviços-meio para o alcance dos serviços-fim de telecomunicações os de secretaria, datilografia, habilitação, mudança e religação de aparelhos, despertador, processamento de dados, entre outros. Não incidência de ISS.
4. O STF tem jurisprudência consolidada no sentido de não incidir ISS sobre locação de bens móveis. Reconhece, também, proteção de imunidade tributária para a edição e publicidade das listas telefônicas.
5. Seguimento da orientação do Supremo Tribunal Federal. Reconhecimento de ser inaplicável legislação infraconstitucional interpretada em desacordo com a jurisprudência da Corte Maior.
6. Recurso especial provido.[66]

A discussão, portanto, está sendo definida a favor dos contribuintes para se afastar a incidência do ISS.

Por outro lado, no caso dos serviços de valor adicionado, por serem eles serviços autônomos com finalidade distinta da prestação do serviço de comunicação, podem, sim, ser tributados pelo ISS, conforme já se mencionou acima. É que, nessa hipótese, não se está diante de etapa meramente preparatória ou acessória ao serviço de comunicação; ao contrário, são serviços com propósitos específicos, que apenas se utilizam dos serviços de comunicação como suporte, ou melhor, como insumo (caso do consulta 102, por exemplo, que é um serviço de consultoria).

[66] BRASIL. Superior Tribunal de Justiça. Primeira Turma. REsp nº 883.254/MG. Relator: ministro José Delgado. Julgamento em 18 de dezembro de 2007. *DJ*, 28 fev. 2008.

Assim, por ostentarem materialidade própria e autonomia, os serviços de valor adicionado poderão ser gravados pelo ISS, desde que as atividades neles desenvolvidas possam ser enquadradas nos itens da lista de serviços prevista na LC nº 116/2003.

Taxas incidentes sobre o setor de telecomunicação

Taxa de uso do solo incidente sobre os equipamentos instalados nas vias públicas

Outra questão importante a ser abordada é a exigência dos municípios de remuneração periódica sobre os bens instalados em suas vias pelas operadoras de telefonia, como orelhões, postes e cabos.

Entre as diferentes espécies de remunerações periódicas que os municípios buscam exigir das operadoras de telefonia, a mais frequente é a *taxa pelo uso e ocupação do solo*, cuja base de cálculo costuma ser o número de postes ou de orelhões existentes, assim como a extensão dos cabos ou dos dutos colocados no subsolo.

A exigência de taxa nesses termos, diga-se, desde já, fere os arts. 145, II, da CF/1988[67] e 77 do CTN.[68]

De acordo com os referidos dispositivos, as taxas – tributos vinculados a uma atividade estatal direcionada ao contribuinte – só podem ser exigidas pelo poder público em duas situações específicas: (1) pela utilização efetiva ou potencial de serviços públicos específicos e divisíveis; ou (2) pelo exercício regular

---

[67] CF/1988: "Art. 145. A União, os Estados, o Distrito Federal e os Municípios poderão instituir os seguintes tributos: [...] II - taxas, em razão do exercício do poder de polícia ou pela utilização, efetiva ou potencial, de serviços públicos específicos e divisíveis, prestados ao contribuinte ou postos à sua disposição".

[68] CTN: "Art. 77. As taxas cobradas pela União, pelos Estados, pelo Distrito Federal ou pelos Municípios, no âmbito de suas respectivas atribuições, têm como fato gerador o exercício regular do poder de polícia, ou a utilização, efetiva ou potencial, de serviço público específico e divisível, prestado ao contribuinte ou posto à sua disposição".

do poder de polícia. Tal espécie tributária, como se sabe, nada mais é do que uma contraprestação em razão de atividade desenvolvida pelo Estado em favor do contribuinte.

Portanto, vê-se que a eleição do uso e da ocupação do solo como suporte para exigência de taxa é ilegítima, uma vez que não se verifica, na hipótese, qualquer caráter contraprestacional na cobrança, o que vai de encontro à natureza do tributo desenhada pelos diplomas supracitados.

Em razão disso, o STF reconheceu a repercussão geral da matéria ao analisar o Recurso Extraordinário nº 581.947/RO, o qual dizia respeito à taxa de uso e ocupação do solo instituída pelo município de Ji-Paraná/RO (no caso, tributava-se o número de postes colocados pela concessionária de energia elétrica local nas vias municipais, o que é perfeitamente aplicável às operadoras de telefonia). Restou confirmada, por unanimidade de votos, a inconstitucionalidade da exação, nos seguintes termos:

> RECURSO EXTRAORDINÁRIO. RETRIBUIÇÃO PECUNIÁRIA. COBRANÇA. TAXA DE USO E OCUPAÇÃO DE SOLO E ESPAÇO AÉREO. CONCESSIONÁRIAS DE SERVIÇO PÚBLICO. DEVER-PODER E PODER-DEVER. INSTALAÇÃO DE EQUIPAMENTOS NECESSÁRIOS À PRESTAÇÃO DE SERVIÇO PÚBLICO EM BEM PÚBLICO. LEI MUNICIPAL 1.199/2002. INCONSTITUCIONALIDADE. VIOLAÇÃO. ARTIGOS 21 E 22 DA CONSTITUIÇÃO DO BRASIL. 1. Às empresas prestadoras de serviço público incumbe o dever-poder de prestar o serviço público. Para tanto a elas é atribuído, pelo poder concedente, o também dever-poder de usar o domínio público necessário à execução do serviço, bem como de promover desapropriações e constituir servidões de áreas por ele, poder concedente, declaradas de utilidade pública. 2. As faixas de domínio público de vias públicas constituem bem público, inserido na categoria dos bens de uso comum do povo. 3. Os bens de uso comum

do povo são entendidos como propriedade pública. Tamanha é a intensidade da participação do bem de uso comum do povo na atividade administrativa que ele constitui, em si, o próprio serviço público [objeto de atividade administrativa] prestado pela Administração. 4. Ainda que os bens do domínio público e do patrimônio administrativo não tolerem o gravame das servidões, sujeitam-se, na situação a que respeitam os autos, aos efeitos da restrição decorrente da instalação, no solo, de equipamentos necessários à prestação de serviço público. A imposição dessa restrição não conduzindo à extinção de direitos, dela não decorre dever de indenizar. 5. A Constituição do Brasil define a competência exclusiva da União para explorar os serviços e instalações de energia elétrica [artigo 21, XII, "b"] e privativa para legislar sobre a matéria [artigo 22, IV]. Recurso extraordinário a que se nega provimento, com a declaração, incidental, da inconstitucionalidade da Lei nº 1.199/2002, do Município de Ji-Paraná.[69]

Entretanto, apesar de todos os ministros que compõem a Suprema Corte terem concluído pela inconstitucionalidade da taxa cobrada pelo uso e ocupação do solo com postes de energia, as razões de decidir adotadas possuem variações importantes que precisam ser destacadas.

A *ratio decidendi* que teve maior adesão foi levantada pelo ministro Ricardo Lewandowski, a qual se lastreou justamente no fato de ser ilegítima a instituição de uma taxa que adote como fato gerador o mero uso e ocupação do solo, em respeito ao art. 145, II, da CF/1988. Entre os que o acompanharam, podemos citar os ministros Marco Aurélio, Gilmar Mendes, Ayres Britto e Cármen Lúcia.

[69] BRASIL. Supremo Tribunal Federal. Pleno. RE nº 581.947/RO. Relator: ministro Eros Grau. Julgamento em 27 de maio de 2010. Repercussão geral – Mérito, *DJe*, 27 ago. 2010.

No entanto, o ministro relator Eros Grau baseou-se em duas outras linhas de raciocínio para declarar a inconstitucionalidade da exação. A primeira delas pode ser resumida da seguinte forma:

1) A concessionária de energia elétrica tem o "dever-poder"[70] de utilizar as propriedades particulares para dar cabo de sua atividade-fim, constituindo as servidões administrativas que se fizerem necessárias, conforme determina a Lei nº 8.987/1995; nessas situações, não conduzindo as servidões à extinção de direitos do particular,[71] não nasce para a concessionária qualquer dever de indenizar, salvo disposição legal expressa em sentido contrário.
2) Da mesma forma, também tem a concessionária o "dever-poder" de utilizar as faixas de domínio público na consecução de sua atividade-fim; é o que ocorre, mais especificamente, com os chamados bens de uso comum (ruas, estradas, praças etc.), sobre os quais se pretende exigir o pagamento da referida retribuição pecuniária.
3) Bem de uso comum é aquele acessível a todos os cidadãos, cuja finalidade está geralmente associada à promoção do direito à circulação (= uso comum); assim, quando a concessionária o utiliza para instalar seus equipamentos, ela não está fazendo "uso comum" do bem de uso comum, mas sim o que se chama de uso especial, já que dele se serve como verdadeiro instrumento para a prestação do seu serviço.
4) O direito a esse uso especial está incorporado ao seu "dever-poder", só havendo necessidade de indenizar o poder

[70] Para o ministro Eros Grau, as concessionárias de serviços públicos, assim como as autoridades administrativas, são titulares de poderes que se exercem não por interesses próprios, mas sim para fins de prover a realização de interesses alheios. É por isso que tais agentes são dotados de um "dever-poder", e não de mero "poder-dever".

[71] Diz-se que há extinção de direitos quando se verifica efetivo prejuízo ou dano ao direito ao particular. Diferencia-se dos casos em que apenas se restringe o direito de uso e gozo da coisa, criando-se um direito limitativo em favor do Estado.

público se a instalação dos equipamentos acarretar uma extinção de direito, exatamente como ocorre com as servidões sobre bens privados; portanto, como a colocação dos postes não prejudica a normal utilização das vias públicas pela sociedade, não há que se falar em indenização, salvo previsão legal em sentido contrário (no caso, inexistente).

Como se pode observar, o ministro Eros Grau trouxe conceitos típicos de direito administrativo para dar solução à questão de cunho eminentemente tributário. Suas razões de decidir, inclusive, vão além da questão que estava sendo discutida no RE nº 581.947/RO, uma vez que se acabou vedando *não só a cobrança de taxa sobre o uso e ocupação do solo urbano, como a de qualquer outra retribuição* pecuniária instituída com esse objetivo.

Em outras palavras, restou inviabilizada também a exigência de preço público das concessionárias de telefonia, como vinha sendo feito por alguns entes municipais (caso do Rio de Janeiro).

Essa foi, por assim dizer, a primeira fundamentação adotada pelo ministro Eros Grau ao proferir seu voto nos autos do RE nº 581.947/RO. Todavia, não foi ela a única a ter o condão de impossibilitar de forma *ampla* a cobrança de remunerações periódicas sobre o uso e a ocupação do solo. Isso porque a segunda linha de raciocínio defendida pelo ministro em seu voto provoca o mesmo efeito, como se vê a seguir:

> Note-se, no entanto, ainda que a Constituição do Brasil define a competência exclusiva da União para explorar os serviços e instalações de energia elétrica (art. 21, XII, "b") e privativa para legislar sobre o assunto (artigo 22, IV). Tenho, destarte, também que o Município de Ji-Paraná invadiu o espaço de competência da União ao editar a Lei municipal nº 1.199/2002.

Expondo de modo mais detalhado suas razões, afirmou o ministro Eros Grau que a imposição de qualquer gravame que afete a expansão e o regular desenvolvimento do serviço de fornecimento de energia elétrica é de competência exclusiva da União Federal, por força dos arts. 21, XII, "b", e 22, IV, da Carta Magna[72] (o mesmo raciocínio também se aplica aos demais serviços de sua titularidade, como o de telecomunicações e de fornecimento de água). Portanto, na ausência de autorização do poder central, jamais poderiam os entes municipais invadir sua esfera de competência na tentativa de instituir novo gravame que afete diretamente o desenvolvimento dessa atividade.

O embate entre os fiscos municipais e as concessionárias de serviços públicos, portanto, foi "parcialmente" resolvido.

Diz-se "parcialmente" porque a problemática não se resume a essa situação. Com efeito, diversos municípios, ao invés de embasar a cobrança no uso e ocupação do solo, estão instituindo taxas fundadas num suposto poder de polícia que se materializaria em fiscalizações sobre os equipamentos das empresas com o objetivo de verificar, por exemplo, se estão de acordo com o código de posturas municipais, ou oferecendo perigo a pedestres e veículos etc.

E é justamente essa outra face da questão que passa a ser analisada no próximo tópico.

Taxa de fiscalização sobre os equipamentos instalados pelas empresas de telefonia nas vias públicas

A instituição de taxas fundadas na existência de *fiscalizações* sobre os bens instalados pelas empresas de telefonia no solo

[72] CF/1988: "Art. 22. Compete privativamente à União legislar sobre: [...] IV - águas, energia, informática, telecomunicações e radiodifusão".

municipal foge nitidamente do objeto do RE nº 581.947/RO. Tanto é assim que alguns ministros da Suprema Corte fizeram questão de deixar consignado que o caso tratava da cobrança de taxa sobre *uso e ocupação do solo*, e não em função do exercício regular do poder de polícia.

No entanto, apesar de os entes municipais terem competência para – com base em seu poder fiscalizatório – exigir das empresas o pagamento de taxas de polícia, a verdade é que tal prerrogativa concedida pela Constituição Federal não é ilimitada, havendo nítidos entraves que precisam ser respeitados:

1) *Impossibilidade de fiscalização periódica*. O primeiro desses entraves reside na impossibilidade de fiscalização periódica do bem elencado como objeto da exação. A afirmativa parece demasiadamente óbvia, mas, no presente contexto, deve ser destacada, tendo em vista que alguns municípios já tentaram exigir o pagamento de remunerações com essa natureza sobre cabos e dutos colocados no subsolo. Ora, tentar cobrar taxa de polícia de forma recorrente sobre esses bens é completamente inadmissível, já que os atos fiscalizatórios são de impossível execução.
2) *Inexistência de objeto apto a ser fiscalizado*. Em segundo lugar, é fundamental que se analise se existe realmente objeto apto a ser fiscalizado, e qual a periodicidade razoável para eventual fiscalização. E a razão para se ter mencionado esse ponto está relacionada ao fato de as referidas taxas de polícia se lastrearem na fiscalização periódica de bens que estão instalados há décadas nas vias públicas, como postes e orelhões, o que nos leva à seguinte indagação: sob qual justificativa se fiscalizaria, mensalmente, um poste colocado há 20 anos na avenida Rio Branco, no Rio de Janeiro, ou na avenida Paulista, em São Paulo? De fato, existem situações em que a fiscalização periódica é indispensável, por exemplo, para verificar se o nível de

desmatamento ou de emissão de gases tóxicos por determinada empresa está dentro dos limites aceitáveis. Nessas hipóteses, como é necessário fiscalizar de forma recorrente o estabelecimento do contribuinte, é justo o pagamento de uma taxa periódica.

Todavia, é inquestionável que existem outras situações que efetivamente não necessitam de fiscalizações regulares, bastando que ela ocorra uma única vez no momento da instalação do bem. É o caso dos orelhões e postes nas vias públicas, em que a concessionária os instala sob a supervisão do poder público, que, naquele momento, verifica se a passagem de pedestres não será obstruída, se não atingirá dutos subterrâneos etc. Assim, após a referida instalação estar concluída e atender a todos os parâmetros exigidos, não há mais que se proceder a qualquer fiscalização adicional. Ou melhor: não existirá objeto apto a ser fiscalizado. Desse modo, não há como se justificar a cobrança de taxa de fiscalização porque o poder público poda as árvores que poderiam danificar os equipamentos, ou, então, porque os bens são regularmente vistoriados com o fito de analisar se estão de acordo com o código de posturas.

Isso porque a poda de árvores é obrigação de qualquer município, é prestação de serviço *uti universi*. Da mesma forma, se o município conclui que um bem não está em conformidade com o código de posturas, que exerça seu poder de polícia multando o proprietário, e não exigindo taxas sob o argumento de que o equipamento é constantemente inspecionado.

Caso se admita o contrário, ter-se-á uma taxa de polícia completamente desfigurada, que mais parecerá um tributo sobre a "propriedade de bens instalados nas vias públicas", em descompasso com a Constituição Federal e o Código Tributário Nacional.

3) *Inexistência do exercício do poder de polícia.* Inúmeros municípios, ao estabelecerem a cobrança de uma taxa de polícia, se esquecem de que essa espécie tributária tem caráter contraprestacional, ou seja, que sua instituição só é possível se houver efetivas fiscalizações sobre os bens do contribuinte. Entretanto, o que mais ocorre é a exigência de remunerações a esse título sem ter havido qualquer exercício de poder de polícia, sem qualquer manifestação concreta de uma atividade fiscalizatória.

   É preciso lembrar que, apesar de o Supremo Tribunal Federal já ter deixado consignado que o poder de polícia se "presume" a favor da municipalidade,[73] esse elemento – exercício do poder de polícia – não foi dispensado pela Corte. E isso não seria mesmo possível em face do art. 145 da CF/1988, pois, ao contrário da taxa de serviço, que admite sua cobrança pela prestação em potencial, a taxa de polícia não pode ser exigida diante de uma "potencial" atividade fiscalizatória por parte do ente público.[74]

4) *Distorção da base de cálculo: violação ao princípio do não confisco.* Por fim, vale fazer referência a um quarto ponto capaz de testar a legitimidade da taxa instituída, qual seja: sua eventual natureza confiscatória. Com efeito, sendo a taxa um tributo vinculado a determinada atividade estatal, que visa ressarcir o erário dos custos despendidos com contribuintes específicos, é evidente que o valor a ser cobrado deve refletir

[73] Ver, por exemplo: BRASIL. Supremo Tribunal Federal. Primeira Turma. RE nº 115.213/SP. Relator: ministro Ilmar Galvão. Julgamento em 13 de agosto de 1991. *DJ*, 5 set. 1991.

[74] "Do exposto, temos que a taxa de polícia pressupõe o efetivo exercício de atividades ou diligências, por parte da Administração Pública, em favor do contribuinte, removendo-lhe obstáculos jurídicos, mantendo-os, fiscalizando a licença que foi concedida, etc. Registramos, por oportuno, que a utilização potencial do exercício do poder de polícia não autoriza a pessoa política a exigir esta modalidade de taxa" (CARRAZA, Roque Antônio. *Curso de direito constitucional tributário*. 19. ed. São Paulo: Malheiros, 2003. p. 745).

– o mais proximamente possível – a quantia que tiver sido utilizada pelo poder público em prol desses contribuintes, sob pena de se ferir o princípio do não confisco insculpido no art. 150, IV, da Carta Magna, plenamente aplicável às taxas. Nesse sentido, confira-se a posição do STF:

> TAXA: CORRESPONDÊNCIA ENTRE O VALOR EXIGIDO E O CUSTO DA ATIVIDADE ESTATAL. – A taxa, enquanto contraprestação a uma atividade do Poder Público, não pode superar a relação de razoável equivalência que deve existir entre o custo real da atuação estatal referida ao contribuinte e o valor que o Estado pode exigir de cada contribuinte, considerados, para esse efeito, os elementos pertinentes às alíquotas e à base de cálculo fixadas em lei. – Se o valor da taxa, no entanto, ultrapassar o custo do serviço prestado ou posto à disposição do contribuinte, dando causa, assim, a uma situação de onerosidade excessiva, que descaracterize essa relação de equivalência entre os fatores referidos (o custo real do serviço, de um lado, e o valor exigido do contribuinte, de outro), configurar-se-á, então, quanto a essa modalidade de tributo, hipótese de ofensa à cláusula vedatória inscrita no art. 150, IV, da Constituição da República.[75]

Portanto, é condição *sine qua non* para a validade da exação que o valor cobrado tenha correspondência com o custo real da atividade de fiscalização exercida pelos entes municipais. Em que pese tal assertiva já estar definida há muitos anos na doutrina e na jurisprudência, o que mais se vê são municípios exigindo valores completamente desproporcionais pela fiscalização de postes, de orelhões e de outros equipamentos que já estão instalados há décadas nas vias públicas.

[75] BRASIL. Supremo Tribunal Federal. Pleno. ADI-MC-QO nº 2.551/MG. Relator: ministro Celso de Mello. Julgamento em 2 de abril de 2003. *DJ*, 20 abr. 2006.

Da posição do Supremo Tribunal Federal quanto às taxas de fiscalização sobre os equipamentos instalados nas vias públicas

Recentemente, o Supremo Tribunal Federal[76] analisou a taxa instituída pelo município de Barra Mansa/RJ (que tem como fato gerador o exercício regular de poder de polícia), o qual, no caso, pretendia cobrar cerca de R$ 100 milhões da concessionária de energia elétrica local pela simples fiscalização de postes:

> AGRAVO REGIMENTAL NO RECURSO EXTRAORDINÁRIO. CONSTITUCIONAL. TRIBUTÁRIO. INSTITUIÇÃO E COBRANÇA DE TAXA PELO USO DE ÁREAS DOS MUNICÍPIOS POR CONCESSIONÁRIAS PRESTADORAS DO SERVIÇO PÚBLICO DE FORNECIMENTO DE ENERGIA ELÉTRICA. INCONSTITUCIONALIDADE DECLARADA PELO PLENÁRIO. AGRAVO REGIMENTAL A QUE SE NEGA PROVIMENTO. I – A Constituição Federal definiu a competência privativa da União para legislar sobre a matéria, bem assim a exclusividade para explorar os serviços e instalações de energia elétrica (CF, art. 21, IV e XII, b). II – Legislação municipal. Instituição de taxa pelo uso de áreas dos municípios por concessionárias prestadoras do serviço público de fornecimento de energia elétrica. Invasão de competência reservada à União Federal. Inconstitucionalidade da taxa. Precedente do Plenário do Supremo Tribunal Federal [RE (Edcl) 581.947/RO, Rel. Min. Luiz Fux]. III – Agravo regimental a que se nega provimento.

A linha adotada pela Segunda Turma do Pretório Excelso, como se vê, foi a de que a instituição da taxa violaria a compe-

[76] BRASIL Supremo Tribunal Federal. Segunda Turma. Agravo Regimental no Recurso Extraordinário nº 640.286/RJ. Relator: ministro Ricardo Lewandowski. Julgado em 12 de agosto de 2014. *DJe*, 21 ago. 2014.

tência exclusiva da União Federal para legislar sobre a matéria, nos termos dos arts. 21, XII, "b", e 22, IV, da Carta Magna (o que se aplica perfeitamente ao setor de telecomunicações – a única diferença é que os dispositivos infringidos seriam os arts. 21, XI e XII, "a", e 22, IV).

Tal argumento, vale dizer, já havia sido levantado pelo ministro Eros Grau no RE nº 581.947/RO, acima citado, o que demonstra que a questão está sendo pacificada no âmbito do STF.

A TFI e a TFF

Outros tributos que oneram as atividades de telecomunicação são as chamadas taxa de fiscalização de funcionamento (TFF) e taxa de fiscalização de instalação (TFI).

Ambas são cobradas pela Anatel, sendo que sua receita destina-se ao Fundo de Fiscalização das Telecomunicações (Fistel), criado pela Lei nº 5.070/1966, cujos recursos deverão ser aplicados pela Anatel nas atividades de fiscalização do setor.[77]

O fato gerador das referidas taxas encontra-se previsto no art. 6º da Lei nº 5.070/1966:

> Art. 6º. As taxas de fiscalização a que se refere a alínea f do art. 2º são a de instalação e a de funcionamento.
>
> § 1º. Taxa de Fiscalização de Instalação é a devida pelas concessionárias, permissionárias e autorizadas de serviços de

[77] Lei nº 5.070/1966: "Art. 3º. Além das transferências para o Tesouro Nacional e para o fundo de universalização das telecomunicações, os recursos do Fundo de Fiscalização das Telecomunicações – FISTEL serão aplicados pela Agência Nacional de Telecomunicações exclusivamente: a) na instalação, custeio, manutenção e aperfeiçoamento da fiscalização dos serviços de telecomunicações existentes no País; b) na aquisição de material especializado necessário aos serviços de fiscalização; c) na fiscalização da elaboração e execução de planos e projetos referentes às telecomunicações; d) no atendimento de outras despesas correntes e de capital por ela realizadas no exercício de sua competência".

telecomunicações e de uso de radiofrequência, no momento da emissão do certificado de licença para o funcionamento das estações.

§ 2º. Taxa de Fiscalização de Funcionamento é a devida pelas concessionárias, permissionárias e autorizadas de serviços de telecomunicações e de uso de radiofrequência, anualmente, pela fiscalização do funcionamento das estações.

Como se pode verificar, a lei autoriza a cobrança da TFI apenas no momento da instalação dos equipamentos das empresas, quando então é emitido o "certificado de licença para o funcionamento das estações". Já a TFF, por ser uma taxa decorrente da fiscalização de funcionamento, é cobrada anualmente pela Anatel, pois se pressupõe que fiscalizações constantes são realizadas sobre as estações.

Questão relevante para o setor é a que diz respeito à insistência da Anatel em cobrar periodicamente a TFI das empresas de telecomunicações.

É que a Anatel, quando renova as licenças de funcionamento das estações, cobra das empresas o pagamento de nova TFI. Entretanto, as empresas do setor entendem que essa cobrança é ilegítima, pois, uma vez instaladas as estações, não há mais motivos para a cobrança de uma taxa de fiscalização de instalação, pois a prorrogação da licença anteriormente concedida não representa uma "nova instalação dos mesmos equipamentos". Ademais, a cobrança periódica da TFI não está prevista na Lei nº 5.070/1966, motivo pelo qual o art. 9º, III, da Resolução Anatel nº 255/2001 (que impõe a cobrança) extrapola seu poder regulamentador:

Art. 9º. A TFI incidirá, ainda, sobre a estação na ocorrência das seguintes situações:

> I - alteração de natureza técnica que implique em modificação do seu funcionamento, de acordo com a regulamentação específica de cada serviço;
> II - alteração que implique no enquadramento da estação em nova faixa de tributação, de conformidade com o anexo II deste Regulamento [que repete a tabela constante do anexo III da LGT, acima parcialmente transcrita];
> III - renovação da validade da licença, que acarrete expedição de nova licença.
> Parágrafo único. Ocorrendo a situação prevista no inciso II, o valor de arrecadação da TFI corresponderá à diferença entre o valor devido pelo licenciamento referente à nova faixa e o valor cobrado pelo licenciamento anterior.

Vale reiterar que a TFI é uma taxa de polícia que tem por fato gerador a realização do ato estatal de fiscalizar a instalação das estações de telecomunicação. Consequentemente, considera-se a taxa devida quando da emissão do certificado de licença de funcionamento. Apesar disso, a Anatel tem cobrado a TFI também quando da prorrogação das licenças já concedidas, o que não nos parece adequado, já que o aspecto material da hipótese de incidência do tributo é o ato de fiscalização da instalação das estações, e nunca o mero ato administrativo de prorrogação das licenças anteriores.

Ora, na prorrogação da licença não há qualquer atividade de fiscalização, por uma simples razão: a instalação já ocorreu tempos atrás. Logo, se não há nova fiscalização, não há novo ato de polícia praticado pelo ente estatal apto a ensejar a cobrança de taxa.

A emissão da licença, portanto, não é tributável por si mesma, só sendo relevante para fins fiscais quando precedida de efetiva fiscalização das estações. Além disso, é de se notar que o art. 6º, § 1º, da Lei nº 5.070/1966 não autoriza a cobrança reiterada, de tempos em tempos, da TFI. Ao contrário da TFF, cuja cobrança anual é autorizada pelo art. 8º,[78] no caso da TFI não há comando normativo semelhante, até em função da própria impossibilidade material já apontada anteriormente.

O tema encontra-se em aberto no âmbito do STJ, que irá julgá-lo no âmbito do Recurso Especial nº 1.293.917/DF.

As contribuições de intervenção no domínio econômico incidentes sobre o setor de telecomunicações

Condecine[79]

A Constituição Federal, por meio do seu art. 149 (com a redação dada pelas emendas nº 33/2001, nº 41/2003 e nº 42/2003), conferiu à União Federal a prerrogativa exclusiva de instituir as chamadas contribuições especiais (conceito amplo no qual se inserem as contribuições de intervenção no domínio econômico):

> Art. 149. Compete exclusivamente à União instituir contribuições sociais, de intervenção no domínio econômico e de interesse das categorias profissionais ou econômicas, como instrumento de sua atuação nas respectivas áreas, observado o disposto nos arts. 146, III, e 150, I e III, e sem prejuízo do previsto no art. 195, § 6º, relativamente às contribuições a que alude o dispositivo.

[78] Lei nº 5.070/1966: "Art. 8º. A Taxa de Fiscalização de Funcionamento será paga, anualmente, até o dia 31 de março, e seus valores serão os correspondentes a 33% (trinta e três por cento) dos fixados para a Taxa de Fiscalização de Instalação".

[79] Os trechos que compõem este tópico foram extraídos de: MAIA, Marcos Correia Piqueira. *As contribuições de intervenção no domínio econômico e seus impactos no desenvolvimento do setor de telecomunicações*. Dissertação (mestrado) – Universidade Candido Mendes, Rio de Janeiro, 2015.

Nesse contexto, o governo federal, com o objetivo de fortalecer a indústria cinematográfica, editou a Medida Provisória (MP) nº 2.228-1, de 6 de setembro de 2001, criando uma nova contribuição de intervenção no domínio econômico denominada "contribuição para o desenvolvimento da indústria cinematográfica nacional" (Condecine), cujos recursos, após a promulgação da Lei nº 12.485/2011 (mais conhecida como Lei do Serviço de Acesso Condicionado), passaram a custear o Fundo Nacional da Cultura (FNC), sendo alocados no chamado Fundo Setorial do Audiovisual para aplicação no Programa de Apoio ao Desenvolvimento do Cinema Brasileiro (Prodecine), no Programa de Apoio ao Desenvolvimento do Audiovisual Brasileiro (Prodav) e no Programa de Apoio ao Desenvolvimento da Infraestrutura do Cinema e do Audiovisual (Pró-Infra).

A MP nº 2.228-1/2001, depois das alterações promovidas pela já citada Lei nº 12.485/2011, passou a estabelecer três fatos geradores para a Condecine:[80]

1) a veiculação, produção, licenciamento e distribuição de obras cinematográficas e videofonográficas com fins comerciais (inclusive publicitárias), por segmento de mercado a que forem destinadas (Condecine-Título);

[80] Os referidos fatos geradores encontram-se expressamente previstos no art. 32 da MP nº 2.228-1/2001: "Art. 32. A Contribuição para o Desenvolvimento da Indústria Cinematográfica Nacional – Condecine terá por fato gerador: I - a veiculação, a produção, o licenciamento e a distribuição de obras cinematográficas e videofonográficas com fins comerciais, por segmento de mercado a que forem destinadas; II - a prestação de serviços que se utilizem de meios que possam, efetiva ou potencialmente, distribuir conteúdos audiovisuais nos termos da lei que dispõe sobre a comunicação audiovisual de acesso condicionado, listados no Anexo I desta Medida Provisória; III - a veiculação ou distribuição de obra audiovisual publicitária incluída em programação internacional, nos termos do inciso XIV do art. 1º desta Medida Provisória, nos casos em que existir participação direta de agência de publicidade nacional, sendo tributada nos mesmos valores atribuídos quando da veiculação incluída em programação nacional. Parágrafo único. A CONDECINE também incidirá sobre o pagamento, o crédito, o emprego, a remessa ou a entrega, aos produtores, distribuidores ou intermediários no exterior, de importâncias relativas a rendimento decorrente da exploração de obras cinematográficas e videofonográficas ou por sua aquisição ou importação, a preço fixo".

2) o pagamento, o crédito, o emprego, a remessa ou a entrega a produtores, distribuidores e intermediários no exterior, de importâncias relativas a rendimentos decorrentes da exploração de obras cinematográficas e videofonográficas, ou por sua aquisição ou importação, a preço fixo (Condecine-Remessa);
3) a prestação de serviços que se utilizem de meios que possam, efetiva ou potencialmente, distribuir conteúdos audiovisuais nos termos da Lei do SeAC, listados no anexo I da MP nº 2.228-1/2001 (Condecine-Comunicação).

Pois bem. A primeira hipótese de incidência da exação é denominada Condecine-Título, a qual é recolhida em favor da Agência Nacional do Cinema (Ancine), sendo devida, nos termos do art. 33 da MP nº 2.228-1/2001, por título ou capítulo de obra cinematográfica e videofonográfica a cada cinco anos (às de cunho publicitário impõe um pagamento anual), explorada em cada um dos segmentos de mercado a seguir elencados:

- salas de exibição;
- vídeo doméstico, em qualquer suporte;
- serviço de radiodifusão de sons e imagens;
- serviço de comunicação eletrônica de massa por assinatura;
- outros mercados (segundo o art. 21, § 2º da Instrução Normativa da Ancine nº 105, de 10 de julho de 2012, o segmento de *outros mercados* engloba "vídeo por demanda", "audiovisual em transporte coletivo" e "audiovisual em circuito restrito").

Tal exação deve ser recolhida, segundo o art. 36 da MP nº 2.228-1/2001,[81] na data do registro do título na Ancine, proce-

[81] MP nº 2.228-1/2001: "Art. 36. A CONDECINE deverá ser recolhida à ANCINE, na forma do regulamento: I - na data do registro do título para os mercados de salas de exibição e de vídeo doméstico em qualquer suporte, e serviços de comunicação eletrônica de massa por assinatura para as programadoras referidas no inciso XV do art. 1º da Medida Provisória nº 2.228-1, de 6 de setembro de 2001, em qualquer suporte, conforme Anexo I;

dimento que gera o conhecido certificado de registro do título (CRT), o qual é válido por cinco anos para obras não publicitárias, e por um ano para obras de caráter publicitário.

O registro do título na Ancine, por sua vez, deve ser requerido, no caso de obra *não* publicitária, pelo "detentor dos direitos de exploração comercial ou licenciamento no País", para cada um dos segmentos de mercado em que a obra for ser explorada. Já para as obras de caráter publicitário, o contribuinte, segundo a Instrução Normativa da Ancine nº 95/2011,[82] será: (1) a empresa produtora, no caso de obra audiovisual publicitária brasileira; (2) o detentor dos direitos de licenciamento para exibição de obra estrangeira; (3) o representante legal e obrigatório da programadora estrangeira no país, no caso de obra publicitária incluída em programação internacional, de cuja produção participou agência nacional (em todos os casos, o recolhimento deverá ser feito para cada segmento de mercado em que a obra publicitária for ser explorada).

O que se vê, portanto, é que o registro do título é sempre requerido pelo titular dos direitos de exploração da obra[83] ou pelo detentor do licenciamento de obra estrangeira no país (que, na prática, é o titular dos seus direitos de exploração aqui).

II - na data do registro do título para o mercado de serviços de radiodifusão de sons e imagens e outros mercados, conforme Anexo I; III - na data do registro do título ou até o primeiro dia útil seguinte à sua solicitação, para obra cinematográfica ou videofonográfica publicitária brasileira, brasileira filmada no exterior ou estrangeira para cada segmento de mercado, conforme Anexo I; IV - na data do registro do título, para o mercado de serviços de radiodifusão de sons e imagens e de comunicação eletrônica de massa por assinatura, para obra cinematográfica e videofonográfica nacional, conforme Anexo I".

[82] IN/Ancine nº 95/2011: "Art. 10. O registro do título da obra audiovisual publicitária deverá ser requerido exclusivamente pela empresa produtora, no caso de obra brasileira; pelo detentor do licenciamento para comunicação pública, no caso de obra estrangeira; ou, pelo representante legal e obrigatório da programadora estrangeira no Brasil, no caso previsto no inciso II do artigo 22 desta Instrução Normativa".

[83] No caso de obra publicitária brasileira, a figura do titular dos direitos de exploração reside na pessoa do próprio produtor; por isso se exige que ela faça diretamente o registro da obra na Ancine.

Vale registrar, nesse ponto, que os direitos de exploração da obra são originalmente pertencentes ao titular dos direitos de autor, ou seja, ao próprio produtor da obra, segundo o art. 22 da Lei nº 9.610/1998[84] (Lei de Direitos Autorais). Esse, por sua vez, pode optar por celebrar contratos com outras empresas do ramo (como uma distribuidora, por exemplo) para que o conteúdo atinja diversos mercados. Nessa hipótese, transferirá os direitos de exploração da obra para a empresa contratada,[85] que deverá recolher a Condecine-Título para cada segmento de mercado em que pretender comercializá-la. Todos esses contratos de transferência de direitos de exploração (o que incluiu o licenciamento), de comercialização, exibição etc., devem ser informados à Ancine, juntamente com o comprovante de recolhimento da mencionada contribuição.[86]

Esclarecidas essas questões quanto à Condecine-Título, passa-se agora a analisar a segunda hipótese de incidência da exação, de denominada Condecine-Remessa (a qual, diferentemente da anterior, é administrada pela Receita Federal).

Segundo o parágrafo único do art. 32 da MP nº 2.228-1/2001, a referida exação deverá ser recolhida quando ocorrer qualquer pagamento a produtor/distribuidor/intermediário no exterior em decorrência da exploração de obra cinematográfica

---

[84] Lei nº 9.610/1998: "Art. 22. Pertencem ao autor os direitos morais e patrimoniais sobre a obra que criou".

[85] Segundo a Portaria nº 342/2009 da Ancine, as operações com direitos de exploração comercial representam o "negócio jurídico no qual os titulares dos direitos patrimoniais de autor (com poder dirigente) autorizam terceiro a explorar economicamente, de acordo com a modalidade específica", a obra audiovisual ou seus produtos derivados.

[86] Trata-se de obrigação prevista no art. 29 da MP nº 2.228-1/2001: "Art. 29. A contratação de direitos de exploração comercial, de licenciamento, produção, coprodução, exibição, distribuição, comercialização, importação e exportação de obras cinematográficas e videofonográficas em qualquer suporte ou veículo no mercado brasileiro, deverá ser informada à ANCINE, previamente à comercialização, exibição ou veiculação da obra, com a comprovação do pagamento da CONDECINE para o segmento de mercado em que a obra venha a ser explorada comercialmente".

ou videofonográfica no país, ou por sua importação ou aquisição a preço fixo. Ou seja, qualquer rendimento remetido ao exterior, seja a título *royalties* (em função de contratos de licenciamento, por exemplo, para exploração da obra no país) ou em razão da aquisição definitiva dos direitos da obra (hipótese denominada pela lei "importação a preço fixo"), está sujeito à incidência da contribuição.

O sujeito passivo do tributo, segundo o art. 35, III, da MP nº 2.228-1/2001, é o "responsável pelo pagamento, crédito, emprego, remessa ou entrega das importâncias referidas no parágrafo único do art. 32", o qual deve realizar o recolhimento da contribuição "na data do pagamento, crédito, emprego ou remessa das importâncias referidas no parágrafo único do art. 32" (art. 36, V).

Por fim, quanto à Condecine-Comunicação (terceira hipótese de incidência prevista na MP nº 2.228-1/2001, também administrada pela Ancine), o fato gerador descrito no supracitado art. 32 é complexo e envolve uma série de elementos que precisam ser analisados em conjunto.

Para facilitar, confira-se novamente a redação do dispositivo:

> Art. 32. A Contribuição para o Desenvolvimento da Indústria Cinematográfica Nacional – Condecine terá por fato gerador:
> [...]
> II - a prestação de serviços que se utilizem de meios que possam, efetiva ou potencialmente, distribuir conteúdos audiovisuais nos termos da lei que dispõe sobre a comunicação audiovisual de acesso condicionado, listados no Anexo I desta Medida Provisória.

Para que se opere o fato gerador da Condecine-Comunicação, portanto, os contribuintes precisam: (1) prestar serviços de telecomunicação; (2) esses serviços de telecomunicação precisam ser capazes de transmitir conteúdos audiovisuais,[87] ainda que potencialmente; (3) os conteúdos audiovisuais precisam ser destinados a assinantes – o termo "distribuir" induz a essa constatação, pois, de acordo com o art. 2º, X, da Lei nº 12.485/2011, significa

> atividades de entrega, transmissão, veiculação, difusão ou provimento de pacotes ou conteúdos audiovisuais a *assinantes* por intermédio *de meios eletrônicos quaisquer*, próprios ou de terceiros, cabendo ao distribuidor a responsabilidade final pelas atividades complementares de comercialização, atendimento ao assinante, faturamento, cobrança, instalação e manutenção de dispositivos, entre outras [grifos nossos].

O rol de contribuintes, a seu turno, está previsto no art. 35, IV, da MP nº 2.228-1/2001 ("concessionárias, permissionárias e autorizadas de serviços de telecomunicações", o que confirma a constatação acima de que só há incidência da contribuição se os conteúdos audiovisuais forem distribuídos por prestadores de serviços de *telecomunicação*). Esses contribuintes somente deverão proceder ao recolhimento do tributo para a Ancine se efetivamente se adequarem ao intricado fato gerador acima delineado.

Dito isso, vale registrar que a base de cálculo eleita pelo legislador *não* é uma expressão econômica das prestações de serviços de telecomunicação em si (ou seja, a MP nº 2.228-1/2001

[87] Segundo o art. 2º, VII, da Lei nº 12.485/2011, conteúdo audiovisual é o "resultado da atividade de produção que consiste na fixação ou transmissão de imagens, acompanhadas ou não de som, que tenha a finalidade de criar a impressão de movimento, independentemente dos processos de captação, do suporte utilizado inicial ou posteriormente para fixá-las ou transmiti-las, ou dos meios utilizados para sua veiculação, reprodução, transmissão ou difusão".

não se utiliza do valor das prestações como parâmetro para incidência da alíquota). Pelo contrário, o legislador optou por utilizar alíquotas específicas sobre determinadas unidades de medida, que são os números de estações e terminais operados pelo contribuinte.[88] Por exemplo, no caso do serviço móvel pessoal (telefonia celular), a prestadora deverá recolher R$ 160,00 por estação base e repetidora existente, além de R$ 3,22 por terminal móvel habilitado.

A título ilustrativo, confira-se trecho do anexo I da MP nº 2.228-1/2001:[89]

Serviço de TV a cabo	a) base em área de até 300 mil habitantes	1.206,00
	b) base em área acima de 300 mil até 700 mil habitantes	1.608,00
	c) base acima de 700 mil habitantes	2.011,00
Serviço de comunicação multimídia	a) base	160
	b) repetidora	160
	c) móvel	3,22

Da análise do quadro acima, pode-se ver, que para cada serviço listado no anexo I, o legislador ordinário definiu um valor predeterminado a ser pago por estação ou terminal licenciado. Esses valores preestabelecidos para cada estação/terminal exis-

[88] O conceito de estações reside no § 2º do art. 60 da LGT: "Art. 60. [...] § 2º. Estação de telecomunicações é o conjunto de equipamentos ou aparelhos, dispositivos e demais meios necessários à realização de telecomunicação, seus acessórios e periféricos, e, quando for o caso, as instalações que os abrigam e complementam, inclusive terminais portáteis".

[89] Analisando essas breves considerações, é possível perceber que as bases de cálculo e alíquotas previstas para a Condecine-Comunicação são muito semelhantes àquelas utilizadas para cobrança da Taxa de Fiscalização de Funcionamento (TFF) prevista na Lei nº 5.070/1966, as quais são destinadas ao Fistel. E as semelhanças não são mera coincidência, pois a Lei nº 12.485/2011, ao mesmo tempo que instituiu a Condecine-Comunicação, reduziu os valores da TFF, ou seja, tirou recursos do Fistel e os destinou ao FNC.

tente representam a alíquota da contribuição. Diferentemente do usual, trata-se de modalidade de alíquota *específica*, que, conforme já mencionado, não representa um percentual da expressão econômica da base de cálculo eleita para o tributo.

Uma vez esclarecidas essas questões, cabe destacarmos aqui um tema interessante a respeito da Condecine-Comunicação, a qual está relacionada com a existência ou não de referibilidade da contribuição quanto a determinados setores econômicos que não exploram conteúdo audiovisual, como é o caso da telefonia fixa, por exemplo.

Como se sabe, as contribuições interventivas são tributos validados finalisticamente, devendo o produto da arrecadação ser destinado para financiar a atuação da União Federal em determinado segmento; em função disso, só é possível exigir o pagamento de determinada contribuição do indivíduo, ou do grupo de indivíduos, que estiver sendo afetado pela ação estatal a ela (contribuição) relacionada.

A essa correlação, a esse liame entre a ação estatal e o indivíduo, deu-se o nome de referibilidade, representando traço característico das contribuições especiais.

Trata-se, portanto, de atributo que decorre do aspecto finalístico das contribuições, do qual se extrai que tais exações só podem ser exigidas do contribuinte, ou do grupo de contribuintes, que, de forma direta ou indireta, receba vantagem ou tenha interesse em determinada atuação estatal. Nesse sentido, vale conferir a lição de Hamilton Dias de Souza:[90]

> Consequência dessa destinação específica é que a exigência das contribuições somente pode ser feita, em regra, dos indiví-

[90] SOUZA, Hamilton Dias de. Contribuições especiais. In: MARTINS, Ives Gandra da Silva (Coord.). *Curso de direito tributário*. 9. ed. São Paulo: Saraiva, 2006. p. 636.

duos que compõem um grupo que tenha interesse qualificado na atuação do Estado. É importante registrar, todavia, que tal interesse, por vezes chamado de benefício, vantagem ou referibilidade, não consiste, necessariamente, num proveito concreto ao sujeito passivo. Trata-se de qualquer interesse diferenciado, especial, que alguém tenha em determinada atividade estatal, passível de justificar a sua participação no custeio das despesas públicas de forma distinta dos demais. Significa uma vantagem individual suposta, admitida como presunção absoluta pela lei. A vantagem, em si, é do grupo que, como um todo, justifica e sofre os efeitos da atuação estatal, a ser custeada pela contribuição.

O Supremo Tribunal Federal e o Superior Tribunal de Justiça, contudo, vêm consolidando sua jurisprudência em sentido diverso, flexibilizando o conceito de referibilidade. Para as mencionadas cortes, não é necessária a existência de uma referibilidade direta entre o contribuinte e a ação estatal, posto que toda a sociedade, em maior ou menor grau, tem interesse no desenvolvimento de políticas públicas.

Ou seja, mitigaram por completo o conceito de referibilidade, transformando a Cide em verdadeiro imposto, a ser exigido de todos, independentemente de sua relação com a atuação estadual financiada pela contribuição. Nesse sentido, vale conferir a ementa dos embargos de divergência no Recurso Especial nº 770.451/SC, julgado em 27 de setembro de 2006, que tratava da cobrança da contribuição ao Incra de empresas urbanas:

> TRIBUTÁRIO – CONTRIBUIÇÃO DESTINADA AO INCRA – LEI 2.613/55 (ART. 6º, § 4º) – DL 1.146/70 – LC 11/71 – NATUREZA JURÍDICA E DESTINAÇÃO CONSTITUCIONAL – CONTRIBUIÇÃO DE INTERVENÇÃO NO DOMÍNIO ECONÔMICO – CIDE – LEGITIMIDADE DA EXIGÊNCIA

MESMO APÓS AS LEIS 8.212/91 E 8.213/91 – COBRANÇA DAS EMPRESAS URBANAS: POSSIBILIDADE.

1. A Primeira Seção desta Corte, no julgamento do EREsp 770.451/SC (acórdão ainda não publicado), após acirradas discussões, decidiu rever a jurisprudência sobre a matéria relativa à contribuição destinada ao INCRA.

[...]

3. Em síntese, estes foram os fundamentos acolhidos pela Primeira Seção:

a) a referibilidade direta não é elemento constitutivo das CIDE's;

b) as contribuições especiais atípicas (de intervenção no domínio econômico) são constitucionalmente destinadas a finalidades não diretamente referidas ao sujeito passivo, o qual não necessariamente é beneficiado com a atuação estatal e nem a ela dá causa (referibilidade). Esse é o traço característico que as distingue das contribuições de interesse de categorias profissionais e de categorias econômicas;

c) as CIDE's afetam toda a sociedade e obedecem ao princípio da solidariedade e da capacidade contributiva, refletindo políticas econômicas de governo. Por isso, não podem ser utilizadas como forma de atendimento ao interesse de grupos de operadores econômicos;

[...]

5. Recurso especial provido.[91]

Da mesma forma tem entendido o Supremo Tribunal Federal, pois vem afastando a referibilidade como *conditio sine qua non* para se cobrar uma contribuição especial. Foi exatamente o que ocorreu no RE nº 396.266/SC (julgado pelo Tribunal

[91] BRASIL. Superior Tribunal de Justiça. Segunda Turma. Recurso Especial nº 995.564. Segunda Turma. Relatora: ministra Eliana Calmon. Julgamento em 27 de maio de 2008. *DJ*, 13 jun. 2008.

Pleno em 26 de novembro de 2003, com relatoria do ministro Carlos Velloso), em que se discutiu a constitucionalidade da contribuição ao Sebrae, tendo o STF negado que o benefício econômico fosse requisito de validade das contribuições especiais e, assim, chancelou sua cobrança até das empresas de médio e grande portes.

De todo modo, mesmo diante desse cenário adverso nos tribunais superiores, é de se notar que a análise da referibilidade como requisito de validade para a instituição de uma Cide será feita novamente pelo Supremo Tribunal Federal, dessa vez em relação à contribuição ao Incra em sede repercussão geral (trata-se do RE nº 630.898/RS, de relatoria do ministro Dias Toffoli), oportunidade em que se espera que nossa Corte Suprema corrija essa grave distorção no sistema tributário.

A contribuição para o fomento da radiodifusão pública (CFRP)[92]

Instituída em 2008 pela Lei nº 11.652, a contribuição em questão tem como finalidade "propiciar meios para a melhoria dos serviços de radiodifusão pública e para a ampliação de sua penetração mediante a utilização de serviços de telecomunicações" (art. 32),[93] sendo que 75% do produto da arrecadação, no mínimo, devem ser destinados para a empresa pública denominada Empresa Brasil de Comunicação S.A. (EBC – art. 11, III, da Lei nº 11.652/2008),[94] vinculada à Secretaria de Co-

[92] Os trechos que compõem este tópico foram extraídos de: MAIA, Marcos Correia Piqueira. *As contribuições de intervenção no domínio econômico e seus impactos no desenvolvimento do setor de telecomunicações*, 2015, op. cit.

[93] Lei nº 11.652/2008: "Art. 32. Fica instituída a Contribuição para o Fomento da Radiodifusão Pública, com o objetivo de propiciar meios para a melhoria dos serviços de radiodifusão pública e para a ampliação de sua penetração mediante a utilização de serviços de telecomunicações".

[94] Lei nº 11.652/2008: "Art. 11. Os recursos da EBC serão constituídos da receita proveniente: I - de dotações orçamentárias; II - da exploração dos serviços de radiodifusão

municação Social da Presidência da República, cujo objetivo é a prestação de serviços de radiodifusão pública (arts. 5º e 6º da Lei nº 11.652/2008).[95]

O fato gerador da contribuição é a prestação dos serviços de telecomunicações indicados no anexo I da Lei nº 11.652/2008, que engloba desde serviços de radiodifusão propriamente ditos até serviços de televisão por assinatura e telefonia fixa (o que deixa muito claro que há um sério problema de referibilidade na contribuição, já que estão sendo onerados setores que não serão atingidos pela atuação estatal).

Quanto à definição do fato gerador (e dos contribuintes), a Lei nº 11.652/2008 se utilizou de poucas palavras e não deu margem a maiores interpretações:

> Art. 32. Fica instituída a Contribuição para o Fomento da Radiodifusão Pública, com o objetivo de propiciar meios para a melhoria dos serviços de radiodifusão pública e para a ampliação de sua penetração mediante a utilização de serviços de telecomunicações.
> § 1º. A Contribuição é devida pelas prestadoras dos serviços constantes do Anexo desta Lei, e o seu fato gerador é a prestação deles.
> § 2º. A Contribuição será paga, anualmente, até o dia 31 de março, em valores constantes do Anexo desta Lei.

Segundo o referido diploma legal, portanto, o fato gerador da contribuição ocorre anualmente, devendo os prestadores de

pública de que trata esta Lei; III - no mínimo, de 75% (setenta e cinco por cento) da arrecadação da contribuição instituída no art. 32 desta Lei".

95 Lei nº 11.652/2008: "Art. 5º. Fica o Poder Executivo autorizado a criar a empresa pública denominada Empresa Brasil de Comunicação S.A. – EBC, vinculada à Secretaria de Comunicação Social da Presidência da República. Art. 6º. A EBC tem por finalidade a prestação de serviços de radiodifusão pública e serviços conexos, observados os princípios e objetivos estabelecidos nesta Lei".

serviços de telecomunicação indicados no anexo I da Lei nº 11.652/2008 (a lista é extensa) proceder ao recolhimento dos valores até o dia 31 de março.

As alíquotas da CFRP, da mesma forma que na Condecine-Comunicação, são *específicas*, incidindo sobre uma base de cálculo composta pelo número de estações e terminais existentes, conforme consta no anexo I da Lei nº 11.652/2008[96] (o qual, vale dizer, contém uma relação muito semelhante à do anexo I da MP nº 2.228-1/2001).

Trata-se, portanto, de nítida contribuição de interventiva, uma vez que a União Federal, por meio dela, está angariando recursos de um grupo limitado de agentes econômicos para que possa intervir no segmento da radiodifusão sonora e de sons e imagens (que é área típica da iniciativa privada, prevista no art. 21, XII, "a", da Constituição de 1988).

O grande tema em torno dessa contribuição é justamente a ausência de referibilidade no que se refere a setores que, como já indicado, não serão atingidos pela atuação estatal que os valores arrecadados buscam custear. Já existem algumas ações judiciais questionando a exação sob esse fundamento, mas ainda não chegaram aos nossos tribunais superiores.

Fust e Funttel[97]

O Fundo de Universalização dos Serviços de Telecomunicações (Fust) foi instituído pela Lei nº 9.998/2000, tendo por finalidade, segundo seu art. 1º, "proporcionar recursos desti-

[96] Tanto este quanto os próximos parágrafos foram extraídos de: MAIA, Marcos Correia Piqueira. *As contribuições de intervenção no domínio econômico e seus impactos no desenvolvimento do setor de telecomunicações*, 2015, op. cit.

[97] Os trechos que compõem este tópico foram extraídos de: MAIA, Marcos Correia Piqueira. *As contribuições de intervenção no domínio econômico e seus impactos no desenvolvimento do setor de telecomunicações*, 2015, op. cit.

nados a cobrir a parcela de custo exclusivamente atribuível ao cumprimento das obrigações de universalização de serviços de telecomunicações, que não possa ser recuperada com a exploração eficiente do serviço".

Entre as receitas que compõem o Fust (o qual é recolhido em favor da Anatel), pode-se destacar:

> Art. 6º. Constituem receitas do Fundo:
>
> [...]
>
> IV - contribuição de um por cento sobre a receita operacional bruta, decorrente de prestação de serviços de telecomunicações nos regimes público e privado, excluindo-se o Imposto sobre Operações relativas à Circulação de Mercadorias e sobre Prestações de Serviços de Transportes Interestadual e Intermunicipal e de Comunicações – ICMS, o Programa de Integração Social – PIS e a Contribuição para o Financiamento da Seguridade Social – Cofins [Lei nº 9.998/2000].

Como se vê, o referido diploma legal instituiu uma contribuição de 1% sobre a receita bruta das empresas que prestam serviços de telecomunicações nos regimes público e privado. É importante destacar que a citada contribuição foi inicialmente estruturada pela própria Lei nº 9.472/1997 (LGT):

> Art. 81. Os recursos complementares destinados a cobrir a parcela do custo exclusivamente atribuível ao cumprimento das obrigações de universalização de prestadora de serviço de telecomunicações, que não possa ser recuperada com a exploração eficiente do serviço, poderão ser oriundos das seguintes fontes:
>
> [...]
>
> II - fundo especificamente constituído para essa finalidade, para o qual contribuirão prestadoras de serviço de telecomunicações nos regimes público e privado, nos termos da lei, cuja men-

> sagem de criação deverá ser enviada ao Congresso Nacional, pelo Poder Executivo, no prazo de cento e vinte dias após a publicação desta Lei.

Da leitura desse dispositivo, extrai-se que a origem da contribuição ao Fust está no corpo da LGT, que deixou consignado o rol taxativo de contribuintes (quais sejam, os prestadores de serviços de telecomunicações nos regimes público e privado), tendo a Lei nº 9.998/2000 apenas se limitado a repeti-la.

Paulo de Barros Carvalho[98] já esquematizou o fato gerador da contribuição ao Fust:

> Hipótese normativa:
> critério material: prestar serviços de telecomunicações;
> critério espacial: qualquer lugar do território nacional;
> critério temporal: último dia do mês (mês civil, como alude o artigo 8º do Decreto n. 3.624/2000;
> Consequente normativo:
> critério pessoal: sujeito ativo: ANATEL; sujeito passivo: prestadores de serviço de telecomunicações;
> critério quantitativo: base de cálculo: receita operacional bruta, decorrente da prestação de serviços de telecomunicações, excluídos o ICMS, PIS e COFINS; alíquota: 1%.

Portanto, eventuais receitas provenientes de outras atividades – ainda que executadas por um prestador do serviço de telecomunicação – estão fora do campo de incidência da contribuição ao Fust. Tanto é assim que a Resolução da Anatel nº 247/2000 expressamente exclui atividades que notadamente não constituem serviços de telecomunicações da incidência da exação em comento:

---

[98] CARVALHO, Paulo de Barros. *Direito tributário*: linguagem e método. 5. ed. São Paulo: Noeses, 2013. p. 418-419.

Art. 4º. A contribuição para o FUST é devida por todas as prestadoras de serviços de telecomunicações, à alíquota de um por cento sobre o valor da receita operacional bruta de cada mês civil, decorrente da prestação dos serviços de telecomunicações de que trata o artigo 60 da Lei nº 9.472, de 1997, tendo início a exigibilidade contributiva em 02.01.2001, nos termos do artigo 13, da Lei nº 9.998/2000, e dos artigos 7º, § 1º, e 23, do Decreto nº 3.624/2000.

[...]

§ 4º. Não constitui receita de serviços de telecomunicações, nos termos do artigo 3º do Regulamento dos Serviços de Telecomunicações, aprovado pela Resolução nº 73 de 1998:

I - o provimento de capacidade de satélite;

II - a atividade de habilitação ou cadastro de usuário e de equipamento para acesso a serviços de telecomunicações;

III - os serviços de valor adicionado, nos termos do artigo 61 da Lei nº 9.472 de 1997.

Seguindo a mesma linha do Fust, o legislador federal instituiu o Fundo para o Desenvolvimento Tecnológico das Telecomunicações (Funttel) por meio da Lei nº 10.052/2000, tendo por finalidade, segundo seu art. 1º,

> estimular o processo de inovação tecnológica, incentivar a capacitação de recursos humanos, fomentar a geração de empregos e promover o acesso de pequenas e médias empresas a recursos de capital, de modo a ampliar a competitividade da indústria brasileira de telecomunicações.[99]

---

[99] Vale citar que a contribuição em questão foi inicialmente estruturada pela Lei nº 9.472/1997: "Art. 77. O Poder Executivo encaminhará ao Congresso Nacional, no prazo de cento e vinte dias da publicação desta Lei, mensagem de criação de um fundo para o desenvolvimento tecnológico das telecomunicações brasileiras, com o objetivo de estimular a pesquisa e o desenvolvimento de novas tecnologias, incentivar a capaci-

Entre as receitas que compõem o Funttel (cujos recursos são administrados por um conselho gestor, sob a responsabilidade do Ministério das Comunicações), pode-se destacar aquela prevista no art. 6º, II, do Decreto nº 3.737/2001:

> Art. 6º. Constituem receitas do Funttel:
> [...]
> II - contribuição de meio por cento sobre a receita bruta das empresas prestadoras de serviços de telecomunicações, decorrente de prestação de serviços de telecomunicações nos regimes público e privado, excluindo-se, para determinação da base de cálculo, as vendas canceladas, os descontos concedidos, o Imposto sobre Operações Relativas à Circulação de Mercadorias e sobre Prestações de Serviços de Transportes Interestadual e Intermunicipal e de Comunicação (ICMS), a contribuição ao Programa de Integração Social (PIS) e a Contribuição para o Financiamento da Seguridade Social (COFINS).

Como se vê, o referido diploma impõe o pagamento de contribuição de 0,5% sobre a receita bruta[100] "decorrente da prestação de serviços de telecomunicações nos regimes público e privado". Logo, assim como ocorre com a contribuição ao Fust, as receitas provenientes de outras atividades executadas pelas

---

tação dos recursos humanos, fomentar a geração de empregos e promover o acesso de pequenas e médias empresas a recursos de capital, de modo a ampliar a competição na indústria de telecomunicações".

[100] Cabe transcrever o disposto no art. 3º, II, da Resolução nº 95/2013 do Conselho Gestor do Funttel: "Art. 3º. Para os fins deste Regulamento, aplicam-se as seguintes definições: [...] II - receita bruta das empresas prestadoras de serviços de telecomunicações é o valor da receita auferida na prestação de serviços de telecomunicações, independentemente da emissão da fatura correspondente e de seu pagamento, excluídas as vendas canceladas, os descontos concedidos, o Imposto sobre Operações relativas à Circulação de Mercadorias e sobre Prestações de Serviços de Transporte Interestadual e Intermunicipal e de Comunicação (ICMS), a contribuição ao Programa de Integração Social (PIS) e a Contribuição para o Financiamento da Seguridade Social (Cofins)".

operadoras não integram a base de cálculo da referida contribuição interventiva. A Resolução nº 95/2013, do Conselho Gestor do Funttel, ratifica essa afirmação:

> Art. 4º. A contribuição para o Funttel é devida:
> I - por todas as prestadoras de serviços de telecomunicações, à alíquota de meio por cento sobre o valor da receita bruta de cada mês civil, decorrente da prestação dos serviços de telecomunicações nos regimes público e privado de que trata o art. 63 da Lei nº 9.472, de 1997;
> [...]
> § 3º. Não constituem serviços de telecomunicações, nos termos do art. 3º do Regulamento dos Serviços de Telecomunicações, aprovado pela Resolução nº 73, 25 de novembro de 1998, da Anatel:
> I - o provimento de capacidade de satélite;
> II - a atividade de habilitação ou cadastro de usuário e de equipamento para acesso a serviços de telecomunicações; e
> III - os serviços de valor adicionado, nos termos do art. 61 da Lei nº 9.472, de 1997.

Claros estão, portanto, os elementos que compõem o fato gerador das contribuições destinadas ao Fust e ao Funttel, que gravam diretamente os prestadores de serviços de telecomunicações.

O PIS/Cofins e a interconexão de redes

A interconexão como meio de universalização do serviço de telefonia. Compulsoriedade de sua prestação por meio de coprestação de serviços

Como já foi mencionado em tópicos anteriores, uma das consequências da divisão do serviço de telefonia no território nacional em áreas de concessão foi que as empresas do setor ficaram restritas a prestar os serviços apenas dentro de suas respectivas regiões.

Nesse modelo regulatório, para que o usuário possa realizar uma chamada que se origina em uma área de concessão e termine em outra, deverá contar necessariamente com duas prestadoras de serviços que irão usar suas redes dentro de suas áreas de outorga. Por exemplo: para completar uma ligação de telefonia fixa interurbana do Rio de Janeiro para São Paulo, o tráfego cursará a rede de duas concessionárias: Telemar e Telefonica.

Assim, para garantir a universalidade do serviço público de telefonia, a LGT determinou a obrigatoriedade de as operadoras realizarem a chamada *interconexão de redes*, isto é, a ligação entre redes de telecomunicações funcionalmente compatíveis, de modo que os usuários de serviços de uma das redes possam comunicar-se com usuários de serviços de outra ou acessar serviços nela disponíveis (art. 146 da Lei nº 9.472/1997).

Considerando a regulamentação da matéria pela Anatel (Resolução nº 410/2005 – Regulamento Geral de Interconexão), uma mesma ligação telefônica pode ensejar duas prestações sucessivas e distintas de serviços de comunicação, por operadoras distintas, tendo como referência o chamado ponto de interconexão:

- *primeira prestação*: do cliente ao ponto de interconexão (POI):
  prestador: a companhia que origina a chamada e a entrega no POI;
  tomador: o assinante desta;
  preço: a tarifa cobrada em conta telefônica;
- *segunda prestação*: do ponto de interconexão (POI) ao destinatário:
  prestador: a companhia que recebe a chamada no POI e a finaliza;
  tomador: o assinante por intermédio da companhia que a origina;
  preço: a tarifa de interconexão.

Nota-se que a prestação do serviço de telefonia de longa distância entre áreas de concessão distintas se dá pela execução global de prestações independentes e autônomas, mas realizadas em conjunto (coprestação), pelas operadoras envolvidas.

O art. 15 da Resolução Anatel nº 410/2005 determina ainda que cada operadora deverá suportar os custos incorridos com a chamada de longa distância dentro de sua área de atuação até o ponto de interconexão. De fato, considerando que uma chamada de longa distância engloba dois serviços prestados por duas operadoras diferentes, cada empresa deve reconhecer os custos e receitas relativos à sua parcela de serviço prestado.

A mesma regulamentação determina as seguintes regras quanto à remuneração pelo serviço prestado:

- *a operadora que inicia a chamada* é remunerada por meio da cobrança da tarifa de telecomunicação determinada pela Anatel;
- *a operadora que finaliza a chamada* é remunerada pela tarifa de interconexão estipulada em acordos efetuados pela empresa, nos termos delimitados pela Anatel.

Antes de passarmos para o próximo ponto, registre-se que a cobrança dessas tarifas é concentrada na operadora que inicia a chamada, por uma simples questão de praticidade para o consumidor.

Receita de interconexão: receita de terceiros

Em suma, a interconexão de redes pressupõe a prestação de dois serviços distintos: (1) da operadora que inicia a chamada até o ponto de interconexão; (2) da operadora que finaliza a chamada do ponto de interconexão até o destinatário da ligação.

Outrossim, a remuneração pela chamada de longa distância divide-se em duas parcelas: (1) a operadora que inicia a chamada recebe a tarifa do serviço de telecomunicação (cobrada diretamente do usuário); (2) a operadora que finaliza a chamada é remunerada pela tarifa de interconexão (arrecadada pela primeira operadora e repassada a esta).

Em outras palavras, a remuneração pela finalização da chamada de longa distância (tarifa de interconexão) transita pelo caixa da operadora que inicia a chamada e posteriormente é repassada para a operadora que finaliza a prestação do serviço.

A pergunta que fica é a seguinte: essa tarifa de interconexão pode ser considerada *receita própria* da operadora de telefonia que inicia a chamada? A resposta é negativa.

A competência para a União instituir contribuições sobre a receita e o faturamento é prevista no art. 195, I, "b", da CF/1988. Com base nisso, foram criadas a contribuição ao PIS e à Cofins, que incidem sobre o faturamento (receita bruta operacional) quando submetidos ao regime cumulativo da Lei nº 9.718/1998 – caso das receitas decorrentes dos serviços de telecomunicações – e sobre a receita bruta quando submetidos à sistemática da não cumulatividade disciplinada pelas leis nº 10.637/2002 e nº 10.833/2003.

Entretanto, os conceitos jurídico-tributários de *receita* e *faturamento* devem ser interpretados como índices que representam a existência de capacidade contributiva daquele que suporta a exação. Assim, não há como considerar os valores que ingressam na contabilidade de uma empresa unicamente para ser repassados a terceiros (passivos) como receita própria do contribuinte, pois esse valor não se agrega ao seu patrimônio.

O ponto central para a distinção entre receita (própria) e os demais ingressos não pertencentes à empresa radica na ideia de definitividade da entrada, isto é, de inexistência de correspondente e inevitável saída, como se verifica das lições doutrinárias de Aires F. Barreto,[101] José Antônio Minatel,[102] Ricardo Mariz de Oliveira[103] e Natanael Martins.[104]

As tarifas de interconexão de redes arrecadadas pela empresa que inicia as chamadas para serem repassadas às operadoras que as finalizam não apresentam nenhum dos requisitos que permitem caracterizá-las como receita propriamente dita, eis que:

1) não são ingressos definitivos, uma vez que, desde sua origem, se destinam a remunerar serviço prestado pela operadora que compartilhou suas redes;
2) não são de titularidade da empresa que inicia a ligação, uma vez que pertencem à operadora que prestou o serviço de interconexão de redes finalizando a chamada telefônica;
3) a empresa que inicia a ligação, evidentemente, não tem a disponibilidade de tais valores. Ao contrário, tem a obrigação de repassá-los à real prestadora do serviço de interconexão, ou seja, a operadora que finalizou a chamada telefônica.

Ao revés, as tarifas de interconexão de redes são entradas totalmente condicionadas a uma saída posterior, uma vez que tais valores sempre pertenceram à concessionária que finalizou a chamada de longa distância. Por esse motivo, a operadora que inicia a chamada telefônica deve reconhecer (e oferecer à tributação) apenas a receita correspondente à remuneração do

[101] BARRETO, Aires F. A nova Cofins: primeiros apontamentos. *Revista Dialética de Direito Tributário*, São Paulo, n. 103, p. 7-16, abr. 2004.
[102] MINATEL, José Antônio. *Conteúdo do conceito de receita e regime jurídico para sua tributação*. São Paulo: MP, 2005. p. 101, 124.
[103] OLIVEIRA, Ricardo Mariz. A problemática das receitas de terceiros perante as bases de cálculo da contribuição ao PIS e da Cofins. *Revista Direito Tributário Atual*, São Paulo, v. 17, 2003.
[104] MARTINS, Natanael. Reconhecimento de receita pelas operadoras de telecomunicação sujeitas ao compartilhamento de redes: modo de incidência do PIS e da Cofins. In: TÔRRES Heleno Taveira (Coord.). *Direito tributário das telecomunicações*. São Paulo: Abetel/Thomson IOB, 2004. p. 416-419.

serviço que prestou até o ponto de interconexão. Já as tarifas de interconexão de redes deverão compor a receita bruta exclusivamente da operadora que finaliza a chamada desde o ponto de interconexão até o destinatário.

Por outro lado, para aquela operadora que finaliza a chamada e recebe da outra operadora o repasse do valor referente à interconexão, haverá a incidência do PIS/Cofins, pois, para essa, trata-se de receita própria decorrente da prestação de um serviço de telecomunicação.

A posição da jurisprudência

A tese ainda não foi acolhida no Conselho Administrativo de Recursos Fiscais (Carf), tendo sido rejeitada pela maior parte das turmas que compõem a Terceira Seção do Conselho, a qual é competente para apreciar as demandas que envolvem o PIS e Cofins.[105] Segundo o Carf, a receita de interconexão arrecadada pela operadora de origem deve ser tributada pelo PIS/Cofins, pois representa receita própria da empresa, de modo que os valores pagos à operadora de destino não passam de mero custo da atividade.

No entanto, a tese poderá vir a ser apreciada pela Câmara Superior de Recursos Fiscais, tendo em vista a existência de paradigma que discutiu a incidência de Cofins sobre o *roaming*, cuja situação é similar à da interconexão de redes (acórdão CSRF nº 02-02.218).

Além disso, há precedentes judiciais favoráveis aos contribuintes. Nesse sentido, vale destacar, por exemplo, acórdãos proferidos pelos tribunais regionais federais da primeira e da

[105] Veja-se, por exemplo, o Acórdão nº 3301-002.316, do Carf. Relator: conselheiro Andrada Márcio Canuto Natal. Julgamento em 24 de abril de 2014. *DOU*, 30 abr. 2014.

quarta regiões,[106] em que se concluiu pela não incidência do PIS/Cofins sobre os valores de interconexão de redes recebidos pela operadora que inicia a chamada e que são repassados àquela que a finaliza. A questão ainda não foi decidida pelos nossos tribunais superiores.

Questões de automonitoramento

1) Após ler este capítulo, você é capaz de responder aos questionamentos apontados no caso gerador?
2) Quais são os elementos que compõem o fato gerador do ICMS-Comunicação?
3) Como os tribunais superiores vêm se manifestando acerca da incidência do ICMS sobre as atividades-meio e os serviços complementares oferecidos pelas operadoras de telefonia?
4) É válida ou não a cláusula primeira do Convênio Confaz nº 69/1998?
5) Como se posicionou o Supremo Tribunal Federal quando julgou a questão da incidência do ICMS sobre a assinatura mensal sem franquia de minutos?
6) Como ocorre a tributação pelo ICMS dos serviços telefônicos pré pagos? E a do serviço de televisão por assinatura via satélite?
7) Acerca da efetivação do princípio da não cumulatividade para os prestadores de serviços de comunicação, pode-se dizer que estados da Federação impõem óbices para a escrituração dos créditos de ICMS decorrentes da aquisição de bens necessários às atividades-fim dos contribuintes? Por quê?

[106] BRASIL. Tribunal Regional Federal. Primeira Região. Oitava Turma. AMS nº 2008.34.00.035410-9. Relator: juiz federal convocado Clodomir Sebastião Reis. Julgamento em 19 de outubro de 2012. *e-DJF1*, 30 nov. 2012, p. 1172. BRASIL. Tribunal Regional Federal. Quarta Região. Primeira Turma. AC nº 5000984-38.2010.404.7003. Relator p/acórdão: desembargador federal Joel Ilan Paciornik, juntado aos autos em 17 de dezembro de 2013.

8) Como os tribunais superiores vêm se manifestando acerca da possibilidade de as operadoras de telefonia escriturarem créditos de ICMS sobre a aquisição de energia elétrica?
9) Podem os municípios instituir e cobrar taxa pelo mero uso e ocupação do solo das prestadoras de serviços de comunicação em função da colocação de equipamentos nas vias e logradouros públicos? E se a taxa municipal tiver como fundamento o exercício regular do poder de polícia sobre os referidos equipamentos?
10) Qual é o fato gerador da chamada Condecine-Comunicação?
11) Está correto o entendimento de que as tarifas de interconexão de redes, cobradas pelas operadoras que iniciam as chamadas telefônicas, devem se sujeitar à incidência do PIS e da Cofins?

2 Petróleo

Roteiro de estudo

Introdução

Em 9 de novembro de 1995, foi editada a EC nº 9 que alterou o art. 177 da Constituição Federal de 1988 para permitir à União a contratação com empresas estatais ou privadas para a realização das atividades de exploração e produção, transporte, refino, importação e exportação de petróleo e gás natural. O sistema de monopólio estatal pleno deixou de existir para dar lugar ao regime de concessões à iniciativa privada.

Os termos e condições pelos quais o Estado transfere aos particulares o exercício das atividades relativas ao monopólio do petróleo e do gás natural foram objeto da Lei nº 9.478, de 6 de agosto de 1997, a Lei do Petróleo, que revogou a Lei nº 2.004, de 3 de outubro de 1953.[107]

---

[107] A Lei nº 2.004/1953 dispunha sobre a Política Nacional do Petróleo, deixando expresso o exercício do monopólio pela Petróleo Brasileiro S.A.: "Art. 1º. Constituem monopólio

Na Lei do Petróleo encontra-se a criação do Conselho Nacional de Política Energética (CNPE), órgão de assessoramento do presidente da República e formulador da política setorial, e da Agência Nacional de Petróleo (ANP), esta última encarregada de promover a regulação, fiscalização das atividades econômicas da indústria do petróleo e a contratação[108] mediante certame licitatório.

Cabe aos concessionários a obrigação de desenvolver as atividades de exploração e produção de petróleo e gás natural. Em contrapartida, os concessionários ficam sujeitos ao recolhimento de participações governamentais, representadas pelos bônus de assinatura, *royalties*, participação especial e pagamento pela ocupação e retenção de área.[109]

As atividades de exploração e produção de petróleo e gás natural equivalem às demais atividades econômicas para fins de tributação nas esferas federais, estaduais e municipais, guardadas as devidas proporções quanto aos incentivos e isenções.

Principais sistemas contratuais na produção de petróleo

Os direitos sobre as reservas de petróleo e gás natural encontradas nas áreas continental (*onshore*) e marítima (*offshore*), em sua maioria, pertencem aos Estados nacionais. Como exceção, há o caso do subsolo continental dos Estados Unidos, no

---

da União: I - a pesquisa e a lavra das jazidas de petróleo e outros hidrocarbonetos fluidos e gases raros, existentes no território nacional; II - a refinação do petróleo nacional ou estrangeiro; III - o transporte marítimo do petróleo bruto de origem nacional ou de derivados de petróleo produzidos no País, e bem assim o transporte, por meio de condutos, de petróleo bruto e seus derivados, assim como de gases raros de qualquer origem. Art. 2º. A União exercerá o monopólio estabelecido no artigo anterior: I - por meio do Conselho Nacional do Petróleo, como órgão de orientação e fiscalização; II - por meio da sociedade por ações Petróleo Brasileiro S. A. e das suas subsidiárias, constituídas na forma da presente lei, como órgãos de execução".

[108] Art. 8º da Lei nº 9.478, de 6 de agosto de 1997.

[109] Arts. 41 a 45 da Lei nº 9.478, de 6 de agosto de 1997.

qual a propriedade da terra inclui a do estrato vertical da área que lhe corresponde. O direito de exploração de uma jazida de hidrocarbonetos é executado mediante acordo do proprietário com as companhias petrolíferas detentoras de capacidade financeira, tecnológica e operacional.[110]

O regime fiscal petrolífero adotado em um país equivale ao sistema de contratos e imposições tributárias que permitem ao Estado participar da renda econômica produzida por tal atividade. Renda econômica é definida como resultado da receita da produção, excluídos os custos da produção e a remuneração do produtor.[111]

Os principais sistemas adotados são:

1) *Regime de concessão* (regimes de tributos e *royalties*). O governo transfere o direito de exploração e produção do petróleo e gás natural a empresas petrolíferas e impõe tributos e *royalties*.[112] O imposto sobre a renda de pessoas jurídicas incide sobre os lucros da produção de petróleo e gás. A alíquota é

---

[110] AMUI, Sandoval. *Petróleo e gás natural para advogados e negociadores*. Rio de Janeiro: Lumen Juris, 2011. p. 41.

[111] "*Economic rent theory focus on the produce of the earth derived from labor and capital. Rent theory deals with how this produce is divided among the laborers, owners of the capital, and land owners through wages, profit, and rent. Economic rent in the petroleum industry is the difference between the value of production and the costs to extract it. These costs consist of normal exploration, development, and operating costs as well as an appropriate share of profit for the petroleum industry. Rent is the surplus. Economic rent is synonymous with excess profits. Governments attempt to capture as much economic rent as possible through various levies, taxes, royalties, and bonuses*" (JOHNSTON, Daniel. *International petroleum fiscal systems and production sharing contracts*. Tulsa, OK: Penn Well, 1994. p. 5).

[112] Uma concessão, licença ou arrendamento consiste na outorga de direitos sobre determinada área, autorizando a realização da exploração e, em caso de descoberta, da produção de petróleo e gás natural. Na maioria dos países, as reservas de petróleo são consideradas constituintes inalienáveis do patrimônio nacional, e o concessionário somente adquire a posse do petróleo por ele produzido na boca do poço. Em contrapartida, assume certas obrigações, como o pagamento ao Estado de *royalties* sobre a produção e algum outro tipo de participação, além dos tributos correntes. Essa é a natureza jurídica da concessão. Por isso ela é também conhecida no jargão internacional como regime de *royalties* e imposto de renda (*royalty and tax* regime ou simplesmente R&T regime).

normalmente mais elevada para as atividades de *upstream*. Nesse regime, pode haver ainda incentivos como dedução imediata para custos de desenvolvimento e possibilidade de deduzir os custos de exploração ou de esses serem capitalizados. Em alguns países, é adotado o *ring fencing*, em que os prejuízos com petróleo e gás não podem ser utilizados para compensar lucros tributáveis de atividades não relacionadas a esses itens. Ou, mais restritivamente, *field ring fencing*, no qual os prejuízos em um campo de produção não podem ser utilizados para compensar o lucro tributável obtido em outros campos (exs.: Reino Unido, Noruega, Dinamarca, Brasil).

2) *Regime de prestação de serviços*. O direito de explorar e produzir hidrocarbonetos é de atribuição exclusiva, não delegável, de empresa nacional. Outras empresas são contratadas como prestadoras de serviço, tendo, portanto, participação nas atividades de exploração e produção de petróleo e têm acesso às reservas daquele país produtor. Nesse sentido, esse regime é instrumentalizado por meio de um contrato em que a empresa petrolífera concorda em realizar determinados serviços de exploração e produção como contratada da empresa nacional, em troca do recebimento de certa quantia em dinheiro que possibilite recuperar seus investimentos e pagar pelos serviços realizados, independentemente do sucesso nas atividades desenvolvidas. Há casos em que a empresa somente é remunerada quando há descoberta comercial (exs.: determinados países do Oriente Médio, como Irã, Iraque e Arábia Saudita, e era o sistema adotado no México).[113]

[113] "Em determinados países do Oriente Médio, como o Irã, Iraque e Arábia Saudita, bem como no México, na América Latina, em que o direito de explorar e produzir hidrocarbonetos é de atribuição exclusiva, não delegável, da NOC, o Contrato de Prestação de Serviços é a única modalidade contratual disponível para que IOCs participem das atividades de E&P e tenham acesso às reservas daquele país produtor. Neste sentido, este regime é instrumentalizado por meio de um contrato em que a IOC concorda em

3) *Regime de partilha de produção*. Foi criado para dar ao governo maior controle sobre as atividades petrolíferas. Nesse regime, o governo se utiliza dos recursos de petróleo e gás, e uma parcela da produção total é retida pelo contratante para recuperar seus custos (petróleo custo) e remunerar seu esforço (participação no petróleo lucro). A companhia assume todos os riscos e custos da exploração e recebe, em contrapartida, parte do petróleo e do gás produzidos, em caso de sucesso. Assim como no contrato de concessão, em caso de os esforços exploratórios não resultarem em descoberta comercial, não há qualquer ressarcimento por parte do governo. Em caso de descoberta comercial, a produção é dividida entre as partes de acordo com o estipulado no contrato, seja

realizar determinados serviços de exploração e produção como contratado da NOC, em troca do recebimento de uma certa quantia em dinheiro que possibilite recuperar seus investimentos e pagar pelos serviços realizados, independentemente do sucesso nas atividades desenvolvidas. A IOC também pode ser remunerada com uma parcela da produção. No conceito tradicional do Contrato de Serviços, a IOC, atuando como uma mera prestadora de serviço, não incorre nos riscos exploratórios, recebendo sua remuneração de forma firme ao longo do período contratual, o que lhe garante um fluxo de caixa estável e sempre lucrativo. Por outro lado, ela não tem qualquer participação na receita oriunda da venda do petróleo que venha a ser produzido. Sob a ótica do país produtor, a transferência de know-how e expertise da IOC na exploração e produção das áreas e a manutenção do monopólio estatal da atividade de E&P e sobre a titularidade do hidrocarboneto produzido são os principais motivadores para que se decida pela adoção deste modelo regulatório. Ao longo dos tempos, foi criada uma variação ao Contrato de Serviços, pelo qual a IOC é contratada para, a seu único e exclusivo risco, explorar e produzir o óleo em determinada região. A remuneração da IOC é atrelada à descoberta comercialmente viável de óleo. Havendo tal descoberta, a IOC, apesar de não deter a titularidade do óleo produzido, passa a ter direito de receber um percentual contratualmente estabelecido sobre a produção realizada, podendo, inclusive, ressarcir os investimentos feitos ao longo do período de exploração. Por outro lado, quando não existe descoberta, a IOC não recebe qualquer remuneração e suporta sozinha todos os custos relacionados com o período exploratório. Percebe-se que sob o aspecto do risco, a modalidade de Contrato de Serviço com cláusula de risco se assemelha aos PSCs, uma vez que a IOC somente é recompensada pelas atividades caso encontre reservas comercializáveis. Neste caso, o benefício para o Estado é que os custos e riscos inerentes à atividade de E&P, especialmente na fase de exploração, antes da descoberta de jazidas comercializáveis, são transferidos à IOC contratada" (Relatório I – Regimes jurídico-regulatórios e contratuais de E&P de petróleo e gás natural. BNDES, 2009. p. 335).

caso a caso, na licitação ou na legislação. Normalmente, a companhia pode recuperar seus custos com a produção do petróleo (petróleo custo) e, apenas após essa recuperação, o saldo será partilhado (petróleo lucro).[114]

No Brasil são adotados três sistemas: (1) sistema de concessões: em que há um sistema contratual que impõe participações diretas monetizadas (participações governamentais, bônus de assinatura, retenção de área, *royalties* e participação especial); (2) sistema de partilha de produção, em que o contratado recebe em pagamento uma parcela da produção e dele são cobrados *royalties*;[115] (3) cessão onerosa, que é aplicada apenas à Petrobras e que não será abordada neste capítulo.[116]

Passamos, agora, a analisar as incidências fiscais sobre a produção de petróleo e sobre os custos incorridos nessa produção (*government takes*).

Tributação dos custos de produção e exploração de petróleo e gás natural

Para a produção e exploração de petróleo e gás natural são necessárias aquisições de diversos bens e equipamentos, ou seja, são necessários investimentos em bens de capital e instalações necessárias ao negócio (*Capex – capital expenditure*). As aquisições podem ser feitas no mercado interno ou no exterior.

[114] BARBOSA, Decio H. *Tributação do petróleo no Brasil e em outras jurisdições*. Rio de Janeiro: Livre Expressão, 2011a. p. 96.

[115] O modelo de partilha de produção foi instituído, no Brasil, pela Lei nº 12.351, de 22 de dezembro de 2010.

[116] O sistema de cessão onerosa, criado pela Lei nº 12.276, de 30 de junho de 2010, autoriza a União a "ceder onerosamente à Petróleo Brasileiro S.A. – PETROBRAS, dispensada a licitação, o exercício das atividades de pesquisa e lavra de petróleo, de gás natural e de outros hidrocarbonetos fluidos [...] em áreas não concedidas localizadas no pré-sal".

Como regra, a compra e venda de equipamentos no mercado interno está sujeita aos seguintes tributos indiretos:[117] contribuições ao Programa de Integração Social (PIS), contribuição para o financiamento da seguridade social (Cofins), imposto sobre produtos industrializados (IPI) e imposto sobre a circulação de mercadorias e sobre a prestação de serviços de transporte interestadual e intermunicipal e de comunicação (ICMS).

No caso de importações, haverá incidência do imposto de importação (II), do IPI, da Cofins-Importação, do PIS-Importação, do adicional de frete para renovação da Marinha Mercante (AFRMM) e do ICMS, além do imposto sobre operações financeiras (IOF) incidente, no caso, sobre as operações de câmbio.

Como forma de redução dos investimentos no Capex, as empresas petroleiras poderão utilizar os seguintes benefícios fiscais: (1) ex-tarifário; (2) Repetro; (3) admissão temporária; (4) *drawback*; (5) regime de entreposto aduaneiro; (6) regime de deposito alfandegado certificado.

Repetro

O Regime Aduaneiro Especial de Exportação e Importação de Bens Destinados às Atividades de Pesquisa e Lavra das Jazidas de Petróleo e de Gás Natural (Repetro) foi criado em 1999 para fomentar o desenvolvimento da exploração e produção de petróleo e gás no Brasil. O Repetro está previsto para vigorar até 31 de dezembro de 2020.

No âmbito do Repetro, há a combinação de três tratamentos tributários: (1) *drawback*, (2) admissão temporária e (3) exportação ficta.

[117] Tributos com repercussão econômica direta no preço.

O *drawback* no Repetro permite a importação de insumos com suspensão do II, IPI, do PIS e da Cofins e a isenção do AFRMM (incidente sobre o valor do frete marítimo), para a produção de bens a serem exportados fictamente. Haverá também isenção do ICMS, de acordo com o Convênio Confaz nº 27/1990.

O regime de admissão temporária para os bens admitidos no âmbito do Repetro autoriza a permanência temporária no país de determinados bens, pelo prazo de duração do contrato e prorrogável no mesmo período que o previsto no contrato, com suspensão de tributos federais (II, IPI, PIS e Cofins) incidentes sobre a importação. O Convênio Confaz nº 130/2007 prevê a isenção ou redução da base de cálculo do ICMS, variando de acordo com a legislação interna dos estados.

Em relação ao instituto da exportação ficta, considera-se exportado, para todos os efeitos fiscais e cambiais, ainda que sem a saída física do território nacional, o produto nacional vendido a empresa sediada no exterior, contra pagamento em moeda estrangeira conversível, para ser utilizado exclusivamente nas atividades de pesquisa ou lavra de jazidas de petróleo e de gás natural. No caso de equipamentos, partes e peças fabricados no Brasil serão imediatamente importados pelo regime de admissão temporária.[118]

Ainda no âmbito do Repetro, pode haver a exportação, com saída ficta do território aduaneiro, de partes e peças de reposição a serem aplicadas nas máquinas e nos equipamentos sobressalentes, nas ferramentas e a outras partes, e peças destinadas a garantir a operacionalidade dos bens a serem utilizados na exploração e produção de petróleo e gás, já admitidos no regime aduaneiro especial de admissão temporária.

[118] Ou seja, o bem relevante permanece todo o tempo no Brasil, mas há contrato de venda do bem para empresa estrangeira que, de imediato, o afreta para empresa localizada no Brasil.

O Repetro pode ser utilizado somente por pessoa jurídica detentora de concessão ou autorização para exercer no país as atividades previstas no art. 1º da Lei 9.478/1997, ou, alternativamente, por pessoa jurídica contratada ou subcontratada para a prestação dos serviços relacionados a essas atividades. Nessa última hipótese, caso a prestadora de serviços não esteja sediada no país, a empresa brasileira por ela indicada para promover a importação de bens poderá requerer a habilitação ao Repetro em seu lugar. Caso a empresa interessada esteja de acordo com a descrição mencionada e ainda tenha controle contábil informatizado da situação e movimentação do estoque de bens sujeitos ao Repetro, a Receita Federal do Brasil (RFB) outorgará a habilitação ao regime por Ato Declaratório Executivo, o qual terá validade nacional após a publicação no *Diário Oficial da União*.

Os bens que podem ser importados com o benefício do Repetro são os listados no anexo I da Instrução Normativa RFB nº 1.415/2013, quais sejam:

1) embarcações destinadas às atividades de exploração, avaliação, desenvolvimento, produção de petróleo, de gás natural e de outros hidrocarbonetos fluidos e as destinadas ao apoio e estocagem nas referidas atividades;
2) máquinas, aparelhos, instrumentos, ferramentas e equipamentos cujo valor aduaneiro unitário seja superior a US$ 25 mil, destinados a atividades de exploração, avaliação, desenvolvimento e produção de petróleo, de gás natural e outros hidrocarbonetos fluidos;
3) plataformas de perfuração e produção de petróleo, de gás natural e de outros hidrocarbonetos fluidos, bem como as destinadas ao apoio, manutenção e segurança nas referidas atividades;
4) veículos automóveis montados com máquinas, aparelhos, instrumentos, ferramentas e equipamentos destinados às

atividades de exploração, avaliação, desenvolvimento e produção de petróleo, de gás natural e de outros hidrocarbonetos fluidos;

5) linhas, dutos e umbilicais necessários às atividades de exploração, avaliação, desenvolvimento e produção de petróleo, de gás natural e de outros hidrocarbonetos fluidos, ou para sua transferência.[119]

A extinção do regime especial ocorre pela substituição do beneficiário ou a concessão de novo regime, ou ainda com a adoção de uma das seguintes providências, pelo beneficiário, dentro do prazo para a permanência do bem no país: (1) reexportação; (2) saída definitiva do país, no caso de bem de fabricação nacional objeto de exportação ficta; (3) destruição, a expensas do beneficiário; (4) entrega à Fazenda Nacional, livres de quaisquer despesas, desde que a autoridade aduaneira concorde em recebê-los; (5) transferência para outro regime aduaneiro especial ou atípico; ou (6) despacho para consumo.

O montante dos tributos incidentes na importação com pagamento suspenso em decorrência da aplicação do regime de admissão temporária será consubstanciado em termo de responsabilidade (TR), que será constituído na própria declaração de importação (DI). A RFB exigirá a prestação de garantia em valor equivalente ao montante dos tributos com pagamento suspenso, que deverá ser constituída na forma de depósito em dinheiro, fiança idônea, seguro aduaneiro em favor da União, ou de título de admissão temporária, a critério da beneficiária.

Considera-se idônea a fiança prestada por (1) instituição financeira; (2) qualquer outra pessoa jurídica que tenha patri-

[119] O art. 6º, VIII, da Lei nº 9.478/1997, com redação dada pela Lei nº 12.490/2011, define transferência como "movimentação de petróleo, seus derivados, biocombustíveis ou gás natural em meio ou percurso considerado de interesse específico e exclusivo do proprietário ou explorador das facilidades".

mônio líquido de, no mínimo, cinco vezes o valor da garantia a ser prestada ou superior a R$ 5 milhões; ou (3) pessoa física, cuja diferença positiva entre seus bens e direitos e suas dívidas e ônus reais seja, no mínimo, cinco vezes o valor da garantia a ser prestada.[120] Não é necessária a apresentação de garantia quando o montante dos tributos com pagamento suspenso for inferior a R$ 100 mil ou quando se tratar de importação realizada por pessoa jurídica habilitada ao despacho aduaneiro expresso (linha azul).

Convênio Confaz nº 130/2007

A fim de tornar o Repetro um real e eficaz mecanismo de atração e alívio fiscal na fase de investimento, buscou-se garantir que o ICMS oferecesse igual suspensão, resultando daí a celebração do Convênio Confaz ICMS nº 58/1999. Contudo, a perda de arrecadação decorrente da implantaçao desse convênio e a mudança de pontos de vista políticos fizeram com que alguns estados questionassem tal benefício.

Em 13 de junho de 2002, foi publicada a Lei nº 3.851/2002, do estado do Rio de Janeiro (conhecida como Lei Valentim), a qual determinava a "incidência" do ICMS sobre a importação de bem ou mercadoria sob o regime de admissão temporária, para utilização econômica, inclusive sob o Repetro, no estado do Rio de Janeiro. Algumas empresas do setor se insurgiram contra tal diploma normativo e ajuizaram ações alegando que tal diploma violaria, frontalmente, as disposições constitucionais que faziam a aplicação do Convênio Confaz ICMS nº 58/1999 obrigatória.

[120] Art. 21 da Instrução Normativa RFB nº 1.415/2013.

Em resposta, o estado do Rio de Janeiro buscou e obteve sua exclusão de tal convênio, a fim de legitimar a incidência de ICMS nas indicadas importações temporárias, o que se efetivou por meio do Convênio Confaz ICMS nº 112/2007, publicado em 3 de outubro de 2007. Essa medida, adotada no Rio de Janeiro, possibilitou a cobrança do ICMS sobre as operações com bens ou mercadorias destinadas às atividades de pesquisa, exploração ou produção de petróleo e gás natural no estado.

Diante da tensão causada por esse incidente, estados e indústria houveram por bem negociar um novo marco fiscal (estadual) para o setor, harmonizando nacionalmente a cobrança (de duvidosa constitucionalidade) do ICMS sobre as operações anteriormente beneficiadas com suspensão total do encargo. Resultou disso a edição do Convênio ICMS Confaz nº 130, publicado no *Diário Oficial da União* em 28 de novembro de 2007, o qual dispôs sobre a isenção e redução de base de cálculo do ICMS em operações com bens ou mercadorias destinados às atividades de pesquisa, exploração ou produção de petróleo e gás natural.

Tal convênio autoriza os estados a, alternativamente:

1) isentar, ou tributar com redução de base de cálculo, operações de "circulação" – imposto incidente no desembaraço aduaneiro de bens ou mercadorias advindos do exterior ou do mercado interno, via exportação ficta, e admitidos no regime do Repetro para utilização nas fases de (a) exploração, (b) produção ou (c) "uso interligado" às fases de exploração e produção;
2) isentar ou tributar com bases de cálculo reduzidas as operações antecedentes à saída, destinada a pessoa sediada no exterior, dos produtos fabricados no país que venham a ser subsequentemente importados e admitidos no Repetro.

Em síntese:

Situação/ base legal	Redução base: regime cumulativo	Redução base: regime não cumulativo	Isenção	Situação de crédito
Importações bens anexo único (Repetro) – Fase exploração (cl. 2ª)	1,5%	n/a	Sim	–
Importações bens anexo único (Repetro) – Fase produção (cl. 1ª)	3%	7,5%	n/a	–
Operações antecedentes à exportação ficta – Fases de produção e exploração (cl. 3ª e 5ª)	3%	7,5%	Sim	No caso da isenção: impossibilidade de manter o crédito obtido durante a produção de bens para exportação ficta.
Importações bens anexo único – Não Repetro (cl. 6ª)	1,5% (itens I e III)	n/a	Sim	–

Outros regimes aduaneiros especiais relevantes para o setor de petróleo e gás

Como existem limites à aplicação do Repetro (valor do bem importado menor que US$ 25 mil, o bem não se enquadrar na lista da instrução normativa, ou o agente não estar apto para se habilitar ao Repetro), outros regimes aduaneiros especiais se tornam bastante relevantes para o setor. Os regimes especiais que mencionaremos são: (1) ex-tarifário; (2) *drawback*; (3) admissão temporária; (4) regime de entreposto aduaneiro na importação; (5) regime de entreposto aduaneiro na exportação; (6) regime de depósito alfandegado certificado.

O regime de ex-tarifário foi criado para reduzir o custo na aquisição de bens de capital, de informática e de telecomunicações, propiciando a redução temporária da alíquota do imposto de importação de bens que não apresentem similar nacional, sendo a similaridade embasada nos critérios de qualidade, preço e prazo de entrega.[121]

O *drawback* fora do Repetro apresenta três modalidades: (1) isenção, (2) suspensão e (3) restituição. No caso de *drawback* isenção, há isenção dos tributos incidentes na importação de mercadoria, em quantidade e qualidade equivalentes, destinada à reposição de outra importada anteriormente, com pagamento de tributos e utilizada na industrialização de produto exportado. Na hipótese do *drawback* suspensão, os tributos incidentes na importação de mercadoria a ser utilizada na industrialização de produto que deve ser exportado ficam suspensos. No caso do *drawback* restituição, há restituição dos tributos pagos na importação de insumo importado utilizado em produto exportado (essa modalidade quase não é mais utilizada). O *drawback* suspensão é o mais utilizado, principalmente nas modalidades genérico ou integrado, que possibilitam a importação com suspensão dos tributos federais (II, IPI, PIS e Cofins), isenção do AFRMM e do ICMS de insumos para a produção de bens a serem exportados, bem como, na modalidade "integrado", a aquisição no mercado interno desses insumos com suspensão dos tributos federais.[122]

O regime especial de admissão temporária com suspensão integral do pagamento de tributos propicia a suspensão dos tributos federais e do ICMS na importação de bens destinados à reposição e ao reparo de embarcações, à prestação, por técnico estrangeiro, de assistência técnica a bens importados ou à re-

[121] Resolução Camex nº 35, de 22 de novembro de 2006.

[122] Art. 383 do Decreto nº 6.759/2009, Instrução Normativa RFB nº 845/2008, Portaria Conjunta RFB/Secex nº 467/2010 e Portaria Secex nº 23/2011.

posição de bens importados em virtude de garantia, e posterior retorno ao exterior.[123]

A admissão temporária para utilização econômica permite o pagamento dos tributos incidentes sobre a importação proporcionalmente ao tempo de permanência do bem no país (1% ao mês do total de tributos devidos na importação).[124]

A admissão temporária para aperfeiçoamento do ativo consiste na suspensão dos tributos federais e do ICMS na importação de bens a serem submetidos a processo de industrialização no país e posterior exportação, bem como para conserto, reparo ou restauração de outros bens que estejam no país em caráter temporário.[125]

O regime de entreposto aduaneiro na importação permite a armazenagem de mercadoria estrangeira em recinto alfandegado, em plataformas de pesquisa e lavra de petróleo e gás em construção ou conversão no país, ou em estaleiros navais, com suspensão dos tributos federais e do ICMS, para posterior exportação ou conversão em outro regime aduaneiro especial.[126] Especificamente para a indústria de petróleo, há previsão de regime especial de entreposto aduaneiro em plataformas destinadas à pesquisa e lavra de jazidas de petróleo e gás natural em *construção ou conversão no país*, contratadas por empresas sediadas no exterior.[127]

O regime de entreposto aduaneiro na exportação permite a armazenagem de mercadoria destinada à exportação, com suspensão dos tributos federais, em recinto alfandegado, em plataformas de pesquisa e lavra de petróleo e gás em construção ou conversão no país, ou em estaleiros navais.[128]

---

[123] Art. 354 do Decreto nº 6.759/2009 e Instrução Normativa RFB nº 1.361/2013.
[124] Arts. 373 a 378 do Decreto nº 6.759/2009 e Instrução Normativa RFB nº 1.361/2013.
[125] Arts. 380 a 382 do Decreto nº 6.759/2009 e Instrução Normativa RFB nº 1.361/2013.
[126] Art. 404 do Decreto nº 6.759/2009 e Instrução Normativa SRF nº 241/2002.
[127] IN SRF nº 513/2005.
[128] Art. 404 do Decreto nº 6.759/2009 e Instrução Normativa SRF nº 241/2002.

O regime de depósito alfandegado certificado considera exportada, para fins fiscais – e também cambiais – a mercadoria vendida a pessoa estrangeira com entrega em recinto alfandegado.[129]

Participações governamentais na Lei nº 9.478/1997

A legislação de grande parte dos países estabelece que a propriedade dos recursos petrolíferos encontrados em seus territórios pertence ao Estado. O aproveitamento econômico desses recursos é sempre intermediado pelo Estado (ou uma agência estatal), estabelecendo uma parcela a ser paga para o Estado (*government take*), enquanto o restante permanece com as empresas privadas (*company take*).

De acordo com uma das formas do modelo adotado pelo Brasil, a concessão, o Estado (detentor dos hidrocarbonetos no subsolo), por meio de um contrato de concessão, transfere a exploração a terceiros, inclusive seus respectivos frutos, remunerando-se por intermédio de participações governamentais exigíveis do concessionário ou contratado. Assim, além dos tributos e contribuições sociais federais, estaduais e municipais, exigíveis de todas as empresas que operam sob as leis brasileiras, os concessionários das atividades de exploração e produção são responsáveis pelo pagamento de quatro diferentes tipos de compensações financeiras extraordinárias à sociedade, denominadas "participações governamentais".

Com base no Decreto nº 2.705, de 3 de agosto de 1998, que regulamentou a Lei do Petróleo nos seus aspectos relativos às participações governamentais aplicáveis às atividades de exploração e produção, a ANP passou a adotar metodologias próprias para o cálculo destas participações.

[129] Art. 493 do Decreto nº 6.759/2009 e Instrução Normativa SRF nº 266/2002.

A seção VI do capítulo V da Lei do Petróleo trata, nos seus arts. 45 a 51, das participações governamentais, que constituem a remuneração do concedente pela concessão contratada e compreendem o bônus de assinatura, os *royalties*, a participação especial e o pagamento pela ocupação ou retenção de área, sendo a segunda e a quarta das citadas participações devidas em caráter obrigatório. Somente os *royalties* existiam anteriormente à nova legislação. As demais participações foram introduzidas, extraordinariamente, pela Lei do Petróleo.

A Lei nº 12.734, de 30 de novembro de 2012, introduziu novas regras de distribuição dos *royalties* e da participação especial devidos pela produção do petróleo e do gás natural, estabelecendo uma nova forma de rateio dessas exações, incluindo os estados não produtores de petróleo na divisão das participações governamentais. Tais alterações estão sendo questionadas pelos estados do Espírito Santo e Rio de Janeiro no Supremo Tribunal Federal.[130]

Cabe ressaltar que a natureza jurídica dessas receitas ainda se encontra em debate pela doutrina jurídica. Em um primeiro momento, encontramos a corrente que defende a natureza tributária destas receitas.[131] Esse entendimento encontra-se vencido nos tribunais brasileiros. O Supremo Tribunal Federal já se pronunciou sobre a natureza jurídica dessas receitas, concluindo se tratar de compensação financeira, como reparação por perda ou danos causados ao ente federado.[132]

[130] ADI nº 4.916, do governador do Espírito Santo, Renato Casagrande, e ADI nº 4.917, ajuizada pelo governador do Rio de Janeiro, Sérgio Cabral.
[131] XAVIER, Alberto. Natureza jurídica e âmbito de incidência da compensação financeira por exploração de recursos minerais. *Revista Dialética de Direito Tributário*, São Paulo, v. 29, p. 10-25, 1998.
[132] "Bens da União: (recursos minerais e potenciais hídricos de energia elétrica): participação dos entes federados no produto ou compensação financeira por sua exploração (CF, art. 20 e § 1º): natureza jurídica: constitucionalidade da legislação de regência (L. 7.990/89, arts. 1º e 6º e L. 8.001/90). 1. O tratar-se de prestação pecuniária compulsória

Bônus de assinatura

O bônus de assinatura foi introduzido pela primeira vez na legislação brasileira por meio da Lei do Petróleo. Tem seu valor mínimo estabelecido no edital de licitação do bloco ao qual se refere e corresponde ao pagamento ofertado pela empresa vencedora da licitação na proposta para obtenção da concessão e é pago no ato de assinatura do contrato de concessão. O bônus de assinatura é devido no primeiro dia do fluxo de caixa, com forte impacto econômico (redução na taxa interna de retorno). É parte do risco exploratório, pois é pago no início do empreendimento, independentemente do resultado exploratório, ou seja, antes que a companhia saiba se terá ou não sucesso.[133]

Royalties

Em 1910, já havia o pagamento de *royalties*, em atividades de mineração, em libras esterlinas por tonelada. Diferentemente do que diz a Wikipédia, a palavra *royalty* não é um anglicismo, mas um galicismo. Deriva do francês: *le roi* ("o rei"). Se fosse um anglicismo, seria *kingilty*. Os ingleses a importaram dando origem a *royal*, que significa "da realeza" ou 'relativo ao rei' e refere-se à contrapartida ao direito real para uso de minerais, concedido pelo soberano a uma pessoa ou corporação.

---

instituída por lei não faz necessariamente um tributo da participação nos resultados ou da compensação financeira previstas no art. 20, § 1º, CF, que configuram receita patrimonial. 2. A obrigação instituída na L. 7.990/89, sob o título de 'compensação financeira pela exploração de recursos minerais' (CFEM) não corresponde ao modelo constitucional respectivo, que não comportaria, como tal, a sua incidência sobre o faturamento da empresa; não obstante, é constitucional, por amoldar-se à alternativa de 'participação no produto da exploração' dos aludidos recursos minerais, igualmente prevista no art. 20, § 1º, da Constituição" (BRASIL. Supremo Tribunal Federal. Primeira Turma. Recurso Extraordinário nº 228.800/DF. Relator: ministro Sepúlveda Pertence. Julgamento em 25 de setembro de 2001. *DJ*, 16 nov. 2001).

[133] Art. 45, I, da Lei nº 9.47819/1997 e Decreto nº 2.705/1998.

Nos países que não adotaram a monarquia, o Estado assumiu o papel do "rei" nesse particular. Mesmo nos Estados Unidos, onde *royalties* são pagos aos proprietários de terra, esse conceito está presente no dito popular: *On my land I'm the king*. Assim, os *royalties* são uma compensação financeira devida pelos concessionários de exploração e produção de petróleo e gás natural, ao se constituírem em uma apropriação, por parte da sociedade, de parcela da renda oriunda da exploração de um recurso natural não renovável e escasso (petróleo e gás natural).

Ao contrário do bônus de assinatura, o *royalty* não é parte do risco geológico e é regressivo. Na perspectiva do governo, os *royalties* apresentam uma grande vantagem por serem fáceis de cobrar.

No Brasil, o pagamento de *royalties* sobre a produção de hidrocarbonetos foi inicialmente introduzido pela Lei nº 2.004, de 3 de outubro de 1953, que criou a Petrobras. Estabeleceu-se que 5% sobre o valor da produção terrestre de petróleo e gás natural seriam pagos aos estados (80%) e aos municípios (20%) em cujo território se realizasse a lavra destes hidrocarbonetos.

Posteriormente, com o início da produção marítima, a Lei nº 7.453, de 27 de dezembro de 1985, considerou também sujeitos a *royalties*, no mesmo porcentual de 5%, o petróleo e o gás natural extraídos da plataforma continental. Finalmente, a Lei do Petróleo (Lei nº 9.478, de 1997) aumentou para 10% a alíquota básica dos *royalties* tanto para a lavra marítima quanto terrestre. A alíquota dos *royalties* poderá, contudo, ser reduzida pela ANP até um mínimo de 5%, tendo em conta os riscos geológicos, as expectativas de produção e outros fatores pertinentes. Essas alíquotas constarão necessariamente do edital de licitação e do contrato de concessão.[134] Atualmente, nos casos

[134] Art. 45, II, da Lei nº 9.478/1997 e Decreto nº 2.705/1998.

de contratos de concessão (nos contratos de partilha de produção é diferente), a alíquota de *royalties* varia campo a campo no intervalo de 5% a 10%.[135]

Participação especial

Assim como o bônus de assinatura, a participação especial (PE)[136] foi introduzida na legislação brasileira pela Lei do Petróleo. Trata-se de um pagamento a que estão sujeitos os campos com grandes volumes de produção, permitindo à sociedade capturar parte da renda petrolífera extraordinária oriunda desses campos.

O conceito de "grande volume de produção" está previsto no Decreto nº 2.705/1998 e varia de acordo com o número de anos de produção, a localização da área e o volume de produção. Diferentemente dos *royalties*, cuja base de cálculo é a receita bruta, a PE incide sobre o "lucro" (receita líquida da produção) do campo produtor, sendo permitido deduzir, na apuração de tal "lucro", o bônus de assinatura, os *royalties*, os investimentos na exploração (os custos de descoberta), os custos operacionais, a depreciação dos investimentos e os tributos e contribuições sociais incidentes sobre vendas previstos na legislação (ICMS, PIS e Cofins, para ser mais específico).

A apuração da PE é feita trimestralmente mediante a aplicação sobre a base de cálculo (lucro do campo) de alíquotas marginais progressivas, em função do volume trimestral de produção, com base em um volume limite de isenção. Para a definição do volume limite de isenção, três estruturas distintas de custos foram admitidas, a saber: lavra em terra, lavra em

[135] A distribuição dos *royalties* entre os entes federativos e órgãos da administração não é objeto deste capítulo.

[136] Não há incidência de participação especial na partilha da produção.

águas rasas (até 400 metros) e lavra em águas profundas (acima de 400 metros).

Sujeitam-se à PE os campos em terra com produção acima de 10 mil barris por dia (b/d); os campos marítimos com profundidade batimétrica média até 400 metros e produção acima de 20 mil b/d; e os campos marítimos com profundidade batimétrica média acima de 400 metros e produção acima de 31 mil b/d.

A base de cálculo da PE é obtida deduzindo-se, da receita bruta, diversos custos da atividade de E&P, considerando-se um *ring fence* em torno da área de concessão. A receita bruta do campo é determinada com base na mesma valoração da produção utilizada para o *royalty*. Entretanto, não são considerados na apuração da base de cálculo da PE os volumes de petróleo e gás natural usados nas operações e queimados ou ventilados no meio ambiente. A base de cálculo negativa da PE pode ser transferida e compensada com resultados positivos de trimestres seguintes indefinidamente.[137]

Pagamento pela ocupação ou retenção de área

O pagamento pela ocupação ou retenção de área também surgiu em 1997, com a Lei do Petróleo. O valor unitário é fixado em reais por quilômetro quadrado ou fração e varia dependendo da fase ou período em que se encontra a concessão.[138]

Receitas governamentais na Lei nº 12.351/2010

A Lei nº 12.351/ 2010 introduziu no ordenamento jurídico nacional o contrato de partilha da produção. Essa lei teve duas

[137] Art. 45, III, da Lei nº 9.478/1997 e Decreto nº 2.705/1998.
[138] Art. 45, IV, da Lei nº 947819/197 e Decreto nº 2.705/1998.

finalidades: (1) tratou da exploração e produção de petróleo e gás natural em áreas do pré-sal e estratégicas; (2) criou o Fundo Social. Seu texto não menciona a expressão "participações governamentais". No caso dos contratos de partilha da produção, tais exações são denominadas "receitas governamentais". Assim, dois tipos de receitas governamentais são definidos para os contratos de partilha da produção: bônus de assinatura e *royalties*.

Bônus de assinatura

Diferentemente da Lei nº 9.478/1997, a Lei nº 12.351/2010 estabeleceu que o bônus de assinatura não será ofertado pelos licitantes; ele será previamente fixado no contrato de partilha da produção pelo Conselho Nacional de Política Energética (CNPE), ouvido o Ministério de Minas e Energia (MME).

Assim, "o julgamento da licitação identificará a proposta mais vantajosa segundo o critério da oferta de maior excedente em óleo para a União, respeitado o percentual mínimo definido pelo CNPE ouvido o MME" (art. 18 da Lei nº 12.351/2010).

Royalties

De acordo com o art. 2º, III, da Lei nº 12.351/2010, os *royalties* são uma

> compensação financeira devida aos Estados, ao Distrito Federal e aos Municípios, bem como a órgãos da administração direta da União, em função da produção de petróleo, de gás natural e de outros hidrocarbonetos fluidos sob o regime de partilha de produção, nos termos do § 1º do art. 20 da Constituição Federal.

Nos termos do art. 42, § 1º, da Lei nº 12.351/2010, os *royalties*, com alíquota de 15% do valor da produção, correspondem à compensação financeira pela exploração do petróleo, de gás natural e de outros hidrocarbonetos líquidos de que trata o § 1º do art. 20 da Constituição Federal, sendo vedado, em qualquer hipótese, seu ressarcimento ao contratado e sua inclusão no cálculo do custo em óleo.

Os contratos de partilha da produção genuínos não continham *royalties*. No passado, tais contratos apenas partilhavam o resultado da lavra entre o governo hospedeiro e a companhia de petróleo por ele contratada. Mais tarde, alguns países introduziram os *royalties* nos seus contratos de partilha da produção, tornando-os, destarte, contratos híbridos, não puros.

Principais questões tributárias discutidas na indústria do petróleo

Há diversas discussões atuais no âmbito da indústria do petróleo. Trataremos apenas de três: (1) caracterização das plataformas de produção como embarcaçao; (2) substância, artificialidade e/ou dissimulação na divisão (*split*) entre contratação de operação e afretamento de embarcações; (3) ICMS nas operações de admissão temporária.

Caracterização das plataformas de produção como embarcação

O art. 1º da Lei nº 9.481, de 13 de agosto de 1997, estabelece que as remessas para o exterior para o pagamento pelo afretamento de embarcações e aeronaves estão sujeitas à alíquota zero do imposto de renda retido na fonte (IRRF). Utilizando-se desse benefício fiscal, as empresas produtoras de petróleo e gás natural no Brasil não recolhiam o IRRF nas remessas por entender que plataforma é embarcação, na medida em que diversos atos normativos classificam a plataforma de petróleo como tal.

Eis os principais fundamentos dos contribuintes:

1) A Lei nº 9.537/1997 inclui plataformas no conceito de embarcação e define como finalidade principal das plataformas a pesquisa e exploração de recursos marítimos; a Lei nº 9.966/2000 também dispôs sobre o conceito de embarcação, incluindo dentro do gênero embarcação quaisquer "engenhos flutuantes".
2) Tanto o STF, ao julgar o Recurso Extraordinário nº 76.133/RJ,[139] quanto o Superior Tribunal de Justiça, no julgamento do Recurso Especial nº 1.341.077/RJ,[140] já manifestaram seu entendimento no sentido de que plataformas devem ser consideradas tipos de embarcação.

A questão acerca da natureza jurídica das plataformas ganhou relevância quando a RFB autuou a Petrobras e buscou a cobrança de IRRF supostamente incidentes quando da remessa de valores para o exterior como pagamento pelo afretamento de plataformas utilizadas na exploração e produção de petróleo, relativamente ao período de fevereiro a dezembro de 1998.

---

[139] Ementa: "1. Plataforma autoelevadora para perfuração submarina. Constitui embarcação e está isenta do IPI, como expressa o art. 10, XXXIX, do Regulamento aprovado pelo Decreto n. 61.514-67. 2. Recursos extraordinários providos pela 2ª Turma do STF" (BRASIL. Supremo Tribunal Federal. Segunda Turma. RE nº 76.133/RJ. Relator: ministro Antonio Neder. Julgamento em 13 de seembro de 1974. *DJ*, 17 out. 1974).

[140] Ementa: "TRIBUTÁRIO. IMPOSTO SOBRE PRODUTOS INDUSTRIALIZADOS – IPI. IMPOSTO DE IMPORTAÇÃO – II. ISENÇÃO PARA A IMPORTAÇÃO DE PEÇAS, E COMPONENTES DE PLATAFORMAS PETROLÍFERAS. APLICAÇÃO DO ART. 2º, II, 'J', E DO ART. 3º, I, DA LEI N. 8.032/90. 1. As isenções previstas no art. 2º, II, 'j' e art. 3º, I, da Lei nº 8.032/90 (restabelecidas pela Lei nº 8.402/92, art. 1º, IV) aplicam-se às importações de peças e componentes de reposição, reparo e manutenção necessárias ao funcionamento de plataformas petrolíferas, sendo indiferente a revogação que o art. 13, da Lei nº 8.032/90 trouxe em relação ao Decreto-Lei n. 1.953/82, por se tratar este último de regime especial. 2. Recurso especial não provido" (BRASIL. Superior Tribunal de Justiça. Segunda Turma. REsp nº 1.341.077/RJ. Relator: ministro Mauro Campbell Marques. Julgamento em 9 de abril de 2013. *DJe*, 16 abr. 2013).

O Conselho de Contribuintes manteve a autuação, justificando que as plataformas não se destinam ao transporte de pessoas e coisas, o que seria elemento essencial na definição adotada no art. 2º, V, da Lei nº 9.537/1997.[141]

Recentemente, essa discussão perdeu força, quando foi editada a Lei nº 13.043, de 13 de novembro de 2014, reconhecendo que plataformas utilizadas na exploração e produção de petróleo e gás natural são consideradas embarcações e, portanto, as remessas para pagamento pelo respectivo afretamento estão sujeitas à alíquota zero do IRRF.[142]

---

[141] Processo Administrativo nº 18471.001620/2003-36.

[142] Lei nº 13.043/2014: "Art. 106. O art. 1º da Lei nº 9.481, de 13 de agosto de 1997, passa a vigorar acrescido dos seguintes §§ 2º a 8º, renumerando-se o atual parágrafo único para § 1º: 'Art. 1º. [...] § 1º. [...] § 2º. No caso do inciso I do *caput* deste artigo, quando ocorrer execução simultânea do contrato de afretamento ou aluguel de embarcações marítimas e do contrato de prestação de serviço, relacionados à prospecção e exploração de petróleo ou gás natural, celebrados com pessoas jurídicas vinculadas entre si, do valor total dos contratos a parcela relativa ao afretamento ou aluguel não poderá ser superior a: I - 85% (oitenta e cinco por cento), no caso de embarcações com sistemas flutuantes de produção e/ou armazenamento e descarga (Floating Production Systems - FPS); II - 80% (oitenta por cento), no caso de embarcações com sistema do tipo sonda para perfuração, completação, manutenção de poços (navios-sonda); e III - 65% (sessenta e cinco por cento), nos demais tipos de embarcações. § 3º. Para cálculo dos percentuais previstos no § 2º, o contrato celebrado em moeda estrangeira deverá ser convertido para Real à taxa de câmbio da moeda do país de origem, fixada para venda pelo Banco Central do Brasil, correspondente à data da apresentação da proposta pelo fornecedor, que é parte integrante do contrato. § 4º. Em caso de repactuação ou reajuste dos valores de quaisquer dos contratos, as novas condições deverão ser consideradas para fins de verificação do enquadramento do contrato de afretamento nos limites previstos no § 2º. § 5º. Para fins de verificação do enquadramento das remessas de afretamento nos limites previstos no § 2º, deverá ser desconsiderado o efeito da variação cambial. § 6º. A parcela do contrato de afretamento que exceder os limites estabelecidos no § 2º sujeita-se à incidência do imposto de renda na fonte à alíquota de 15% (quinze por cento) ou de 25% (vinte e cinco por cento), quando a remessa for destinada a país ou dependência com tributação favorecida, ou quando o arrendante ou locador for beneficiário de regime fiscal privilegiado, nos termos dos arts. 24 e 24-A da Lei nº 9.430, de 27 de dezembro de 1996. § 7º. Para efeitos do disposto no § 2º, será considerada vinculada a pessoa jurídica proprietária da embarcação marítima sediada no exterior e a pessoa jurídica prestadora do serviço quando forem sócias, direta ou indiretamente, em sociedade proprietária dos ativos arrendados ou locados. § 8º. O Ministro da Fazenda poderá elevar ou reduzir em até 10 (dez) pontos percentuais os limites de que trata o § 2º'".

Interpretando o disposto nesta lei, inclusive, a própria RFB, nas soluções de consulta Cosit nº 225, de 19 de agosto de 2014,[143] e nº 12, de 9 de fevereiro de 2015,[144] afirma que plataformas são embarcações, bem como confirma que é aplicável a alíquota de 0% de IRRF no afretamento de navios-sonda e unidades semissubmersíveis.

Substância, artificialidade e/ou dissimulação na divisão (split) entre contratação de operação e afretamento de embarcações

No Brasil, no setor de exploração e produção de petróleo, frequentemente há a celebração de dois contratos distintos: de afretamento (celebrado com o proprietário/afretador estrangeiro da embarcação – armador) e de prestação de serviços para a operação do equipamento (celebrado com empresa nacional).

---

[143] Solução de Consulta Cosit nº 225, de 19 de agosto de 2014: "Assunto: Imposto de Renda Retido na Fonte. Ementa: AFRETAMENTO DE NAVIOS SONDA, POSSIBILIDADE DE APLICAÇÃO DA ALÍQUOTA ZERO DE IRRF SOBRE OS VALORES REMETIDOS PARA O EXTERIOR. O pagamento, crédito, emprego ou remessa da contraprestação do contrato de afretamento de navios sonda está sujeito à alíquota zero do IRRF. Dispositivos legais: inciso I do art. 1º da Lei nº 9.481, de 13 de agosto de 1997, inciso I do art. 691 do Decreto nº 3.000, de 1999 (RIR/1999), e art. 2º da Instrução Normativa nº 1.455, de 06 de março de 2014. INEFICÁCIA DA CONSULTA QUANTO A PLATAFORMA SEMISSUBMERSÍVEL. Assunto: Processo Administrativo Fiscal. Ementa: CONSULTA. REQUISITOS. LEGITIMIDADE. FALTA DE PREENCHIMENTO. EFEITOS. Não produz efeitos a consulta que não preenche os requisitos previstos na legislação, incluindo a legitimidade, assim como aquela que tem por objetivo a simples prestação de assessoria tributária pela RFB. Dispositivos legais: IN RFB nº 1.396, de 2013, art. 18, incisos I e XIV".

[144] Solução de Consulta Cosit nº 12, de 9 de fevereiro de 2015: "ASSUNTO: IMPOSTO SOBRE A RENDA RETIDO NA FONTE – IRRF. AFRETAMENTO DE PLATAFORMAS SEMISSUBMERSÍVEIS POSSIBILIDADE DE APLICAÇÃO DA ALÍQUOTA ZERO DE IRRF SOBRE OS VALORES REMETIDOS PARA O EXTERIOR. O pagamento, crédito, emprego ou remessa da contraprestação do contrato de afretamento de plataforma semissubmersível está sujeito à alíquota zero do IRRF. A parcela relativa ao contrato de afretamento estará limitada a 80% do valor global do contrato, quando houver execução simultânea de prestação de serviço, relacionados à prospecção e exploração de petróleo ou gás natural, celebrados com pessoas jurídicas vinculadas entre si. Dispositivos Legais: inciso I do art. 1º e inciso II do § 2º do art. 1º da Lei nº 9.481, de 13 de agosto de 1997, e inciso I do art. 691 do Decreto nº 3.000, de 1999 (RIR/1999)".

Uma das justificativas para a bipartição dos contratos é que a legislação brasileira exige que a operação de certos tipos de embarcações seja por empresas brasileiras de navegação e há normas trabalhistas estabelecendo requisitos mínimos de tripulação nacional. Além disso, há aspectos operacionais, como maior agilidade na operação dos equipamentos e prestação de serviços com a contratação de empresa brasileira, por exemplo, facilidade na manutenção e reparo das embarcações.

Outro fundamento para a contratação bipartida é a operacionalização do Repetro, pois há a previsão normativa de coexistência dos contratos de afretamento (com a empresa estrangeira) e prestação de serviço (com empresa brasileira). A prestadora de serviços nacional pode ser tanto uma empresa independente do armador estrangeiro ou empresa do mesmo grupo econômico.

Questionando essa bipartição, a RFB lavrou diversos autos de infração para descaracterizar a natureza de tais contratações, passando a considerar que a bipartição contratual seria artificial e não retrataria a realidade material da execução das atividades contratadas. Segundo as autoridades fiscais, haveria apenas um único contrato de prestação de serviços, o que acarretaria a cobrança de IRRF, Cide, PIS e Cofins.

Sobre essa matéria há três precedentes relevantes do Conselho Administrativo de Recursos Fiscais (Carf).

O primeiro é referente à caracterização de todos os valores remetidos ao exterior como pagamento pela prestação de serviços. O Carf, pelo voto de qualidade, acolheu os argumentos sustentados pela Fazenda nacional no sentido de que a bipartição dos serviços de produção e prospecção marítima de petróleo em contratos de aluguel de unidades de operação e de prestação de serviços propriamente dita seria artificial e não retrataria a realidade material das execuções, uma vez que as unidades afretadas seriam partes indissociáveis e inerentes aos serviços contratados e estariam neles englobadas e, por essa razão, o valor total pago na consecução desses contratos estaria sujeito à incidência da Cide.[145]

No segundo precedente relevante, o Carf também entendeu que essa bipartição seria artificial e sem propósito negocial. Segundo os conselheiros, a divisão dos valores de 90% do total para o afretamento e 10% para a prestação do serviço não corresponderia à realidade fática, pois a empresa brasileira, prestadora de serviço, teria faturado acima do percentual de 10% previsto em contrato, em razão dos pagamentos a título de "reembolso de despesas" realizados pela empresa estrangeira. [146]

Em relação ao terceiro julgado, o Carf concluiu que a atribuição de 90% do valor total dos dois contratos ao afretamento seria irrelevante. Isso porque a bipartição seria estabelecida pela contratante e constava do edital de licitação e das condições do contrato. O Carf ainda entendeu que não haveria óbice para que a empresa estrangeira, que recebe a maior parte do lucro, socorresse financeiramente a empresa prestadora brasileira, que suporta o prejuízo, e que esse fato não poderia ser utilizado como argumento para atribuir qualquer responsabilidade à empresa brasileira ou para supor conluio entre as partes contratantes.[147]

Contudo, com a edição da Lei nº 13.043/2014, ficou positivada a possibilidade de separação dos contratos entre serviço e afretamento no setor de exploração e produção de petróleo e gás, desde que observados os limites estabelecidos no art. 106, § 2º, para a parcela relativa ao afretamento ou aluguel, quais sejam:

[145] Processo administrativo nº 16682.721162/2012-35.
[146] Processo administrativo nº 15521.000156/2009-25.
[147] Processo administrativo nº 19395.720018/2012-13.

a) 85% (oitenta e cinco por cento), no caso de embarcações com sistemas flutuantes de produção e/ou armazenamento e descarga (Floating Production Systems – FPS);

b) 80% (oitenta por cento), no caso de embarcações com sistema do tipo sonda para perfuração, completação, manutenção de poços (navios-sonda); e

c) 65% (sessenta e cinco por cento), nos demais tipos de embarcações. [...]

Ainda, nas soluções de consulta nº 225/2014 e nº 12/2015, em que RFB analisa a aplicação da alíquota zero do IRRF sobre valores remetidos ao exterior em razão de contratos de afretamento de navios-sonda e semissubmersíveis, justamente no contexto da estrutura bipartida dos contratos, as autoridades fiscais concluíram que as empresas têm liberdade, limitada à observância das leis, para "montar seus negócios e para contratar da forma que melhor entenderem, visando à otimização de suas operações e a obtenção de lucros".[148] Contudo, a RFB, em diversas passagens das referidas soluções de consulta, ressalta que não pode existir manipulação dos contratos e planejamento fiscal abusivo, exigindo, no fundo, substância econômica nas operações.

ICMS nas operações de admissão temporária

Como visto, no regime especial de admissão temporária (tanto no âmbito do Repetro quanto fora dele) não há transferência da propriedade do equipamento importado. O equipa-

[148] Ressalte-se, no entanto, que na hipótese da solução de consulta as empresas contratadas para a prestação de serviços e para o afretamento não seriam pessoas jurídicas vinculadas, o que, do ponto de vista da consulta, é um aspecto importante para evitar a caracterização de um planejamento tributário abusivo que pudesse levar à desconsideração do negócio pelas autoridades fiscais.

mento continua a pertencer à entidade estrangeira e é afretado ou alugado pela empresa brasileira.

Assim, inexistindo transferência de titularidade do bem importado, o que só ocorre com a efetivação da opção de compra do bem, não deve incidir o ICMS sobre a importação da embarcação, nos termos do art. 155, II, da Constituição Federal.

O Supremo Tribunal Federal, inclusive, em caso de *leasing* de aeronaves, já entendeu que não há incidência do ICMS, visto que não há transferência de propriedade, e a circulação econômica de mercadoria é pressuposto de incidência do ICMS.[149] No mesmo sentido, entenderam o Superior Tribunal de Justiça[150] e o Tribunal de Justiça do Estado do Rio de Janeiro[151] ao julgarem a incidência do ICMS nas operações de afretamento de embarcações.

Questões de automonitoramento

1) Após ler este capítulo, você é capaz de resumir o caso gerador, identificando as partes envolvidas, os problemas atinentes e as soluções cabíveis?
2) O que é o Repetro?
3) Quais são as hipóteses de não aplicação do Repetro?
4) Quando o Repetro não for aplicável, quais são os regimes especiais que podem ser utilizados quando da importação de bens que serão utilizados na indústria do petróleo?

---

[149] BRASIL. Supremo Tribunal Federal. Segunda Turma. Agravo Regimental no Recurso Extraordinário nº 460.814/SP. Relator: ministro Eros Grau. Julgamento em 24 de junho de 2008. *DJe*, 15 ago. 2008.

[150] BRASIL. Superior Tribunal de Justiça. Primeira Turma. Agravo Regimental no Recurso Especial nº 1.091.416/RJ. Relator: ministro Sérgio Kukina. Julgamento em 22 de outubro de 2013. *DJe*, 29 out. 2013.

[151] Entre outros: Agravo de Instrumento nº 0063135-93.2014.8.19.0000; Agravo de Instrumento nº 0037397-06.2014.8.19.0000; Agravo de Instrumento nº 0062636-12.2014.8.19.0000.

5) O ICMS incide na importação de equipamentos beneficiados pelo regime do Repetro?
6) O que é e quando é devida a participação especial?
7) A companhia petrolífera XYZ produz 85 mil barris por dia (b/d) de petróleo na bacia de Cumuruxatiba, em águas profundas no litoral do estado da Bahia, e vende esse petróleo ao preço de US$ 60/barril para a Petrobras processá-lo na Refinaria do Nordeste, no estado de Pernambuco. O custo da produção é de US$ 30/barril e a companhia encontra-se no seu quinto ano de produção.
   a) Admitindo tratar-se de um contrato de concessão, calcular o resultado, em termos diários (US$/dia), proporcionado por esse campo à companhia XYZ.
   b) Admitindo-se tratar-se de um contrato de partilha da produção, em que o excedente em óleo do governo foi fixado em 40%, calcular o resultado, em termos diários (US$/dia), proporcionado por esse campo à companhia XYZ.
   c) Calcular o *government take* e o *company take* nos dois casos.

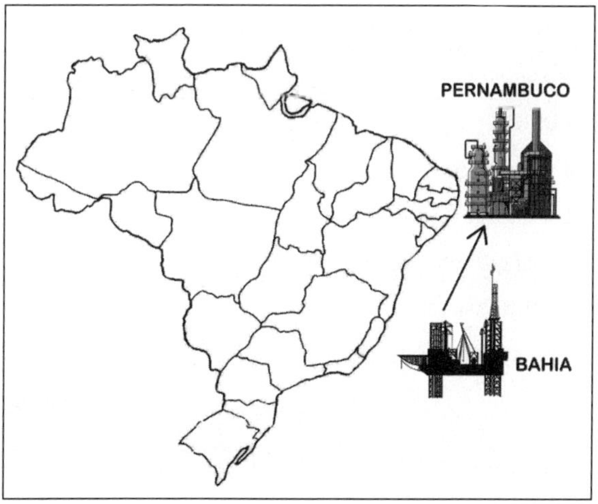

ALÍQUOTA DA PARTICIPAÇÃO ESPECIAL – ÁGUAS PROFUNDAS – QUARTO ANO DE PRODUÇÃO E SEGUINTES

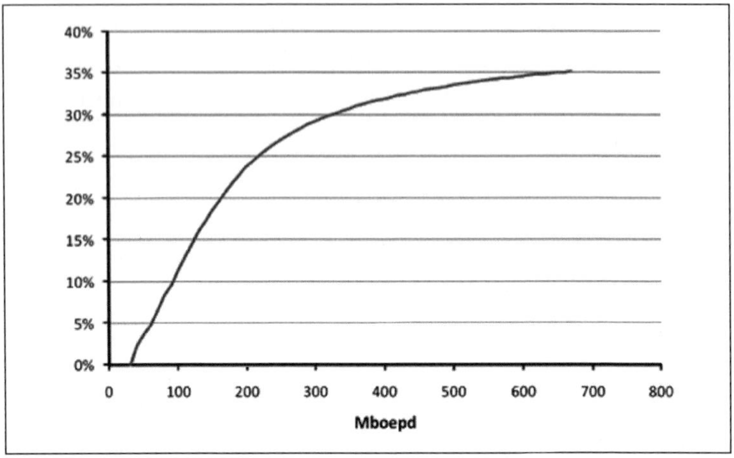

Concessão

RECEITA = 85.000 b/d × $60/b	5.100.000	$/dia
PIS = 1,65% × 5.100.000	84.150	$/dia
Cofins = 7,60% × 5.100.000	387.600	$/dia
ICMS (não incide em operação interestadual)	–	$/dia
RECEITA – TRIBUTOS S/ VENDAS	4.628.250	$/dia
CUSTOS = 85.000 b/d × $30/b	2.550.000	$/dia
RECEITA – CUSTOS	2.078.250	$/dia
RYT = 10% × 4.628.250	462.825	$/dia
BASE DA PE = 2.078.250 – 462.825	1.615.425	$/dia
PE = 9,05% (ver gráfico) × 1.615.425	146.235	$/dia
BASE IR = 1.615.425 – 146.235	1.469.190	$/dia
IR = 34% × 1.469.190	499.525	$/dia
RESULTADO	**969.666**	$/dia

Partilha da produção

RECEITA = 85.000 b/d × $60/b	5.100.000	$/dia
PIS = 1,65% × 5.100.000	84.150	$/dia
Cofins = 7,60% × 5.100.000	387.600	$/dia
ICMS (não incide em operação interestadual)	–	$/dia
RECEITA – TRIBUTOS S/ VENDAS	4.628.250	$/dia
RYT = 15% × 4.628.238	694.238	$/dia
(A) RECEITA – TRIBUTOS – *ROYALTIES*	3.934.013	$/dia
(B) CUSTOS = 85.000 b/d × $30/b	2.550.000	$/dia
EXCEDENTE EM ÓLEO TOTAL (A) – (B)	1.384.013	$/dia
EXCEDENTE EM ÓLEO DO GOVERNO = 40%×(A-B)	553.605	$/dia
EXCEDENTE EM ÓLEO DA COMPANHIA = 60%×(A-B)	830.408	$/dia
IR = 34% × 830.408	282.339	$/dia
RESULTADO	**548.069**	$/dia

Government take e company take

Fórmulas

$$\textit{Government take} = \frac{\textit{Total Arrecadado pelo Governo}}{\textit{Resultado a Dividir}}$$

$$= \frac{\textit{Total Arrecadado pelo Governo}}{\textit{Receita} - \textit{Custos}}$$

$$\textit{Company take} = \frac{\textit{Lucro Líquido da Companhia}}{\textit{Resultado a Dividir}}$$

$$= \frac{\textit{Lucro Líquido da Companhia}}{\textit{Receita} - \textit{Custos}}$$

Concessão

$$\textit{Government take} = \frac{PIS + COFINS + ICMS + RYT + PE + IR}{Receita - Custos}$$

$$\textit{Government take} = \frac{84.150 + 387.600 + 0 + 462.825 + 146.235 + 499.525}{5.100.000 - 2.550.000}$$

$$\textit{Government take} = \frac{1.580.334}{2.550.000} = 62\%$$

$$\textit{Company take} = \frac{\textit{Lucro Líquido da Companhia}}{\textit{Receita} - \textit{Custos}} = \frac{969.666}{2.550.000} = 38\%$$

Partilha da produção

$$\textit{Government take} = \frac{PIS + COFINS + ICMS + RYT + \textit{Excedente Óleo do Governo} + IR}{Receita - Custos}$$

$$\textit{Government take} = \frac{84.150 + 387.600 + 0 + 694.238 + 553.605 + 282.339}{5.100.000 - 2.550.000}$$

$$\textit{Government take} = \frac{2.001.931}{2.550.000} = 78{,}5\%$$

$$\textit{Company take} = \frac{\textit{Lucro Líquido da Companhia}}{\textit{Receita} - \textit{Custos}} = \frac{548.069}{2.550.000} = 21{,}5\%$$

Note que *government take* + *company take* = 100%.

3

Sugestão de casos geradores

Telecom (cap. 1)

As operadoras de telefonia prestam uma série de serviços de caráter acessório a seus usuários – além do serviço de telecomunicação propriamente dito –, tais como caixa postal, bloqueio de chamadas, siga-me, habilitação etc. Sustentam os contribuintes que as receitas auferidas a esse título não podem ser alvo do ICMS-comunicação, uma vez que o fato gerador do imposto, consubstanciado na intermediação onerosa de mensagens entre dois ou mais pontos, não se materializa no momento em que são executados os referidos serviços acessórios.

Os estados da Federação, por sua vez, entendem que o fato gerador do ICMS-Comunicação deve ser compreendido de forma ampla, abrangendo esses serviços puramente acessórios oferecidos pelas operadoras de telefonia a seus usuários (ainda que não tenham como objeto uma efetiva transmissão de mensagens), conforme determina a cláusula primeira do Convênio Confaz nº 69/1998.

Diante disso, questiona-se:

1) Esses serviços acessórios oferecidos pelas operadoras de telefonia podem ser enquadrados como fatos geradores do ICMS-Comunicação? Como os tribunais superiores vêm se manifestando a respeito do tema?
2) A cláusula primeira do Convênio Confaz nº 69/1998 conflita com algum dispositivo do nosso ordenamento jurídico?

Petróleo (cap. 2)

Óleo S.A., companhia brasileira de exploração e produção de petróleo, cuja coligada no exterior é proprietária de uma unidade flutuante de produção, estocagem e transferência (FPSO – *floating production storage and offloading*), tendo declarado a comercialidade de sua descoberta em bloco localizado na bacia de Campos, estado do Rio de Janeiro, deseja utilizar tal FPSO para a respectiva produção nas águas daquele estado. Entretanto, o gerente executivo da companhia foi informado por seus advogados de que terá de suportar os encargos aduaneiros da admissão temporária, bem como a forte incidência de tributos cobrados sobre as atividades de produção de petróleo e gás natural no Brasil. O gerente executivo solicita a elaboração de parecer sobre a incidência de tributos nas aludidas operações e questionou se haveria alternativas que viabilizassem a redução de custos. Ao encomendar parecer, formulou as seguintes questões:

1) Quais são os tributos incidentes na importação e na operação da FPSO?
2) Em caso de necessidade de importação de peças para reparo, quais serão os tributos incidentes?

Conclusão

Apreciados todos os temas propostos para estudo, é possível concluir que foi trabalhada a sistemática de tributação sobre os principais setores que norteiam a economia do estado do Rio de Janeiro, bem como setores fundamentais para toda a economia do país.

Destarte, o objetivo deste livro – mais do que pretender esgotar as temáticas apresentadas – foi o de oferecer ao seu público-alvo as diretrizes fundamentais para o aprofundamento da pesquisa sobre a tributação incidente sobre cada um desses setores aqui selecionados.

Referências

AMUI, Sandoval. *Petróleo e gás natural para advogados e negociadores*. Rio de Janeiro: Lumen Juris, 2011.

ATALIBA, Geraldo. *Hipótese de incidência tributária*. 5. ed. São Paulo: Malheiros, 1993.

_____. *Hipótese de incidência tributária*. 6. ed. São Paulo: Malheiros, 2001.

_____; GIARDINO, Cléber. ICM e IPI: direito de crédito, produção e mercadorias isentas ou sujeitas à alíquota zero. *Revista de Direito Tributário*, n. 46, p. 73-89, out./dez. 1988.

AZULAY NETO, Messod; LIMA, Antonio Pires de. *O novo cenário das telecomunicações no direito brasileiro*. Rio de Janeiro: Lumen Juris, 2000.

BALEEIRO, Aliomar. ICMS sobre importação de bens de capital para uso do importador. *Revista Forense*, Rio de Janeiro, v. 250, abr./jun. 1975.

_____. *Direito tributário brasileiro*. 11. ed. atual. por Misabel Abreu Machado Derzi. Rio de Janeiro: Forense, 2001.

BARBOSA, Decio H. *Tributação do petróleo no Brasil e em outras jurisdições*. Rio de Janeiro: Livre Expressão, 2011a.

_____. *Tributação do petróleo no Brasil*. Rio de Janeiro: Livre Expressão, 2011b.

BARBOSA, Hermano N. Palavra do gestor. *Valor Econômico*, 21 dez. 2010.

BARRETO, Aires F. ISS: atividade-meio e serviço-fim. *Revista Dialética de Direito Tributário*, n. 5, p. 72, 1996.

_____. A nova Cofins: primeiros apontamentos. *Revista Dialética de Direito Tributário*, São Paulo, n. 103, p. 7-16, abr. 2004.

BASTOS, Celso. *Curso de direito financeiro e de direito tributário*. 5. ed. São Paulo: Saraiva, 1997.

BEVILÁQUA, Clóvis. *Código Civil dos Estados Unidos do Brasil comentado*. 3. ed. v. IV. Rio de Janeiro: Livraria Francisco Alves, 1930.

BORGES, José Souto Maior. *Isenções tributárias*. São Paulo: Sugestões Literárias, 1969.

CARRAZZA, Roque Antônio. *Curso de direito constitucional tributário*. 19. ed. São Paulo: Malheiros, 2003.

_____. *Imposto sobre a renda*. São Paulo: Malheiros, 2005.

_____. ICMS-Comunicação: não incidência sobre a prestação onerosa de serviços acessórios e o aluguel de equipamentos, que empresas do setor de telecomunicações realizam em favor de seus clientes – Questões conexas. In: MOREIRA, André Mendes et al. (Coord.). *Direito das telecomunicações e tributação*. São Paulo: Quartier Latin, 2006.

_____. *ICMS*. 17. ed. rev. e ampl. até a EC nº 88/2015. São Paulo: Malheiros, 2015.

CARVALHO, Paulo de Barros. Não incidência do ICMS na atividade dos provedores de acesso à internet. In: TORRES, Heleno Taveira (Coord.). *Direito tributário das telecomunicações*. São Paulo: IOB Thomson, 2004.

_____. *Direito tributário*: linguagem e método. 5. ed. São Paulo: Noeses, 2013.

CHIESA, Clélio. *ICMS*: Sistema Constitucional Tributário. São Paulo: LTr, 1998.

____. A tributação dos serviços de internet prestados pelos provedores: ICMS ou ISS? *Revista dos Tribunais, Cadernos de Direito Tributário e Finanças Públicas*, São Paulo, n. 27, abr./jun. 1999.

COÊLHO, Sacha Calmon Navarro. *Comentários à Constituição de 1988*: sistema tributário. 6. ed. Rio de Janeiro: Forense, 1994.

____. *Curso de direito tributário brasileiro*. 7. ed. Rio de Janeiro: Forense, 2004.

____; DERZI, Misabel Abreu Machado. ICMS: direito de creditamento, princípio da não cumulatividade. *Revista Dialética de Direito*, São Paulo, n. 102, p. 149, [s.d.].

DENARI, Zelmo. *Curso de direito tributário*. 3. ed. Belém: Cejup, 2002.

DERZI, Misabel Abreu Machado. A necessidade da instituição do IVA no Sistema Constitucional Tributário Brasileiro. In: BALTHAZAR, Ubaldo César (Org.). *Reforma tributária e Mercosul*: a instituição do IVA no direito brasileiro. Belo Horizonte: Del Rey, 1999.

____ (Org.). *Construindo o direito tributário na Constituição*: uma análise da obra do ministro Carlos Mário Velloso. Belo Horizonte: Del Rey, 2004.

DIAS, Lia Ribeiro; CORNILS, Patrícia. *Alencastro*: o general das telecomunicações. São Paulo: Plano Editorial, 2004.

EIRA, Luiz Antonio Souza; NETTO, João da Silva Medeiros. *Tributação sobre telecomunicações*. Brasília: Consultoria Legislativa da Câmara dos Deputados, 2002, p. 7 (Estudo).

FEIGGELSON, Bruno. *Curso de direito minerário*. São Paulo: Saraiva, 2012.

FERNANDES, Regis de Oliveira. *Curso de direito financeiro e direito tributário*. 4. ed. atual. São Paulo: Saraiva, 1995.

FIORATI, Jete Jane. *As telecomunicações nos direitos interno e internacional*: o direito brasileiro e as regras da OMC. Rio de Janeiro: Renovar, 2004.

GOMES, Orlando. *Contratos*. 26. ed. Rio de Janeiro: Forense, 2008.

GRECO, Marco Aurélio. *Internet e direito*. São Paulo: Dialética, 2000.

GUTMAN, José. Natureza jurídica dos *royalties* no Brasil. *Ano IV*, Rio de Janeiro, 16 jun. 2007.

HERRERA, Alejandra. *Introdução ao estudo da lei geral de telecomunicações do Brasil*. São Paulo: Singular, 2001.

JOHNSTON, Daniel. *International petroleum fiscal systems and production sharing contracts*. Tulsa, OK: Penn Well, 1994.

LESSA, Donovan Mazza; MAIA, Marcos Correia Piqueira. Remunerações periódicas sobre equipamentos instalados pelas concessionárias de serviços públicos nas vias municipais: reflexões diante do julgamento do Recurso Extraordinário nº 581.947/RO. *Revista Dialética de Direito Tributário*, São Paulo, n. 193, p. 13-22, out. 2011.

LOBO, Carlos Augusto da Silveira. Os valores mobiliários. *Revista do Direito Bancário e do Mercado de Capitais*, v. 10, n. 36, p. 27-42, abr./jun. 2007.

LOPES, Vera Maria de Oliveira Nusdeo. *O direito à informação e as concessões de rádio e televisão*. São Paulo: Revista dos Tribunais, 1998.

MACHADO, Hugo de Brito. *Temas de direito tributário*. São Paulo: Revista dos Tribunais, 1994.

MAIA, Marcos Correia Piqueira. *As contribuições de intervenção no domínio econômico e seus impactos no desenvolvimento do setor de telecomunicações*. Dissertação (mestrado) – Universidade Candido Mendes, Rio de Janeiro, 2015.

MANEIRA, Eduardo; MAIA, Marcos Correia Piqueira. A efetivação do princípio da não cumulatividade para os prestadores de serviços tributados pelo ICMS. In: GOMES, Marcus Lívio; VELLOSO, Andrei Pitten (Org.). *Sistema constitucional tributário*: dos fundamentos teóricos aos *hard cases* tributários: estudos em homenagem ao ministro Luiz Fux. Porto Alegre: Livraria do Advogado, 2014. p. 131-144.

MARTINS, Ives Gandra da Silva (Coord.). *Tributação na internet*. São Paulo: Revista dos Tribunais, 2001.

MARTINS, Natanael. Reconhecimento de receita pelas operadoras de telecomunicação sujeitas ao compartilhamento de redes: modo de incidência do PIS e da Cofins. In: TÔRRES, Heleno Taveira (Coord.). *Direito tributário das telecomunicações*. São Paulo: Abetel/Thomson IOB, 2004.

MEDINA FILHO, Antonio José. *Determinantes do investimento direto no Brasil*. Dissertação (mestrado) – Universidade Federal de Minas Gerais, Belo Horizonte, 2005.

MELO, José Eduardo Soares de. *ICMS*: teoria e prática. São Paulo: Dialética, 1996.

____. *Os convênios ICMS antes e depois da Emenda 33/2001, o ICMS e a EC 33*. São Paulo: Dialética, 2002.

____. *Imposto sobre serviço de comunicação*. 2. ed. São Paulo: Malheiros, 2003.

MENDONÇA, Carvalho de. *Tratado de direito comercial brasileiro*. 3. ed. Rio de Janeiro: Freitas Bastos, 1938. Parte I.

MINATEL, José Antônio. *Conteúdo do conceito de receita e regime jurídico para sua tributação*. São Paulo: MP, 2005.

MONTEIRO, Washington de Barros. *Curso de direito civil*: direito das obrigações. 34. ed. atual. por Carlos Alberto Dabus Maluf e Regina Beatriz Tavares da Silva. São Paulo: Saraiva, 2003. Parte 2.

MORAES, Bernardo Ribeiro de. *Doutrina e prática do ISS*. São Paulo: Revista dos Tribunais, 1984.

____. *A tributação dos serviços de comunicação*. São Paulo: Dialética, 2006.

MOREIRA, André Mendes. *A tributação dos serviços de comunicação*. 2. ed. São Paulo: Noeses, 2016.

____; MANEIRA, Eduardo. Da não incidência de ICMS sobre a habilitação de telefones: ilegitimidade do Convênio ICMS nº 69/98. In: TORRES, Heleno Taveira. (Org.). *Direito tributário das telecomunicações*. São Paulo: IOB Thomson, 2004. p. 631-648.

MOSQUERA, Roberto Quiroga. *Tributação no mercado financeiro e de capitais*. São Paulo: Dialética, 1999.

OLIVEIRA, Júlio Maria de. *Internet e competência tributária*. São Paulo: Dialética, 2001.

OLIVEIRA, Marcos Cavalcante de. *Moeda, juros e instituições financeiras*: regime jurídico. Rio de Janeiro: Forense, 2009.

OLIVEIRA, Ricardo Mariz. A problemática das receitas de terceiros perante as bases de cálculo da contribuição ao PIS e da Cofins. *Revista Direito Tributário Atual*, São Paulo, v. 17, 2003.

PAULIN, Luís Alfredo. Transferência de cédula de crédito bancário sem coobrigação. Responsabilidade de instituição financeira por inadequada análise de crédito e desrespeito ao princípio da boa fé objetiva. *Revista do Direito Bancário e do Mercado de Capitais*, v. 11, n. 39, p. 32-55, jan./mar. 2008.

PAULSEN, Leandro. *Direito tributário, Constituição e Código Tributário à luz da doutrina e da jurisprudência*. Porto Alegre: Livraria do Advogado, 2014.

PIQUET, Roseli (Org.). *Petróleo*, royalties *e região*. Rio de Janeiro: Garamond, 2003.

QUIROGA, Roberto Mosquera. *Tributação no mercado financeiro e de capitais*. São Paulo: Dialética, 1999.

RABELO FILHO, Antonio Reinaldo; ROMANO, Ana Carolina Magliano Ribeiro. A exigência do ICMS-Comunicação sobre o serviço de assinatura em franquia. In: RABELO FILHO, Antonio Reinaldo (Coord.). *Tributação e telecomunicações*. São Paulo: Quartier Latin, 2016.

SCHOUERI, Luís Eduardo. *Curso de direito tributário*. São Paulo: Saraiva, 2011.

SERRA, Rodrigo. Petróleo, royalties & região. *Boletim da Universidade Candido Mendes*, n. 26, dez. 2009.

SILVEIRA, Raquel Dias da. *O regime jurídico dos serviços de telefonia fixa no Brasil, após a Lei nº 9.472/97*. Dissertação (mestrado) – Universidade Federal de Minas Gerais, Belo Horizonte, 2002.

SOUZA, Hamilton Dias de. Contribuições especiais. In: MARTINS, Ives Gandra da Silva (Coord.). *Curso de direito tributário*. 9. ed. São Paulo: Saraiva, 2006.

TORRES, Ricardo Lobo. *Curso de direito financeiro e tributário*. Rio de Janeiro: Renovar, 1997.

____. *Direito financeiro e tributário*. 11. ed. Rio de Janeiro: Renovar, 2004.

VALOIS, Paulo. *A evolução do monopólio estatal do petróleo*. Rio de Janeiro: Lumen Juris, 2000.

____ (Org.). *Temas de direito do petróleo e gás natural*. Rio de Janeiro: Lumen Juris, 2002.

____. *Temas de direito do petróleo e gás natural II*. Rio de Janeiro: Lumen Juris, 2005.

XAVIER, Alberto. *Os princípios da legalidade e da tipicidade da tributação*. São Paulo: RT, 1978.

____. Natureza jurídica e âmbito de incidência da compensação financeira por exploração de recursos minerais. *Revista Dialética de Direito Tributário*, São Paulo, n. 29, p. 10-25, 1998.

Organizadores

Na contínua busca pelo aperfeiçoamento de nossos programas, o Programa de Educação Continuada da FGV DIREITO RIO adotou o modelo de sucesso atualmente utilizado nos demais cursos de pós-graduaçao da Fundação Getulio Vargas, no qual o material didático é entregue ao aluno em formato de pequenos manuais. O referido modelo oferece ao aluno um material didático padronizado, de fácil manuseio e graficamente apropriado, contendo a compilação dos temas que serão abordados em sala de aula durante a realização da disciplina.

A organização dos materiais didáticos da FGV DIREITO RIO tem por finalidade oferecer o conteúdo de preparação prévia de nossos alunos para um melhor aproveitamento das aulas, tornando-as mais práticas e participativas.

Sérgio Guerra – diretor da FGV DIREITO RIO

Pós-doutor em administração pública pela Ebape/FGV. Doutor e mestre em direito. *Visiting researcher* na Yale Law School (2014). Coordenador do curso International Business

Law – University of California (Irvine). Editor da *Revista de Direito Administrativo* (RDA). Consultor jurídico da OAB/RJ (Comissão de Direito Administrativo). Professor titular de direito administrativo, coordenador do mestrado em direito da regulação e diretor da FGV DIREITO RIO.

Joaquim Falcão – professor da FGV DIREITO RIO

Doutor em educação pela Université de Génève. *Master of Laws* (LL.M) pela Harvard University. Bacharel em direito pela Pontifícia Universidade Católica do Rio de Janeiro (PUC-Rio).

Rafael Alves de Almeida – coordenador da pós-graduação *lato sensu* da FGV DIREITO RIO

Doutor em políticas públicas, estratégias e desenvolvimento pelo Instituto de Economia da Universidade Federal do Rio de Janeiro (UFRJ). *Master of Laws* (LL.M) em *international business law* pela London School of Economics and Political Science (LSE). Mestre em regulação e concorrência pela Universidade Candido Mendes (Ucam). Formado pela Escola de Magistratura do Estado do Rio de Janeiro (Emerj). Bacharel em direito pela UFRJ e em economia pela Ucam.

Colaboradores

Os cursos de pós-graduação da FGV DIREITO RIO foram realizados graças a um conjunto de pessoas que se empenhou para que eles fossem um sucesso. Nesse conjunto bastante heterogêneo, não poderíamos deixar de mencionar a contribuição especial de nossos professores e assistentes de pesquisa em compartilhar seu conhecimento sobre questões relevantes ao direito. A FGV DIREITO RIO conta com um corpo de professores altamente qualificado que acompanha os trabalhos produzidos pelos assistentes de pesquisa envolvidos em meios acadêmicos diversos, parceria que resulta em uma base didática coerente com os programas apresentados.

Nosso especial agradecimento aos colaboradores da FGV DIREITO RIO que participaram deste projeto:

Afonso Henrique Cordeiro

Mestre em direito tributário pela Universidade Estácio de Sá (Unesa). Graduado em direito pela Faculdade de Direito Candido

Mendes (Ucam). Especialista em direito minerário e tributário. Sócio do escritório Cordeiro, Gontijo e Oliveira Advogados.

Alessandra Cristina Nascimento da Mota

Mestra em direito econômico e desenvolvimento pela Universidade Candido Mendes (Ucam). Especialista em planejamento tributário pelo Instituto Brasileiro de Planejamento Tributário (IBPT), com MBA executivo em auditoria fiscal e tributária pela Fundação de Apoio Cefet-RJ (Funcefet/IDHGE). Graduada bacharel em direito pela Universidade Federal do Estado do Rio de Janeiro (Unirio). Advogada, coordenadora do Núcleo de Acompanhamento Legislativo da Federação das Indústrias do Estado de São Paulo (Fiesp).

Décio Barbosa

Engenheiro especializado em assuntos tributários na área de petróleo e gás natural. Trabalhou na Petrobras, na Secretaria da Receita Federal do Ministério da Fazenda e na Agência Nacional do Petróleo (ANP). Participou de projetos na África do Sul, em Angola, nos Estados Unidos, em Moçambique e na Noruega.

Donovan Mazza Lessa

Doutorando em direito tributário na Universidade do Estado do Rio de Janeiro (Uerj). Mestre em direto pela Universidade Candido Mendes. Bacharel em direito pela Universidade Federal Fluminense (UFF).

Eduardo Telles

Mestre em direito tributário pela Universidade Candido Mendes (Ucam). Procurador do estado do Rio de Janeiro.

Advogado no Rio de Janeiro, sócio de Tauil & Chequer Advogados Associados a Mayer Brown LLp. Coordenador e professor de direito tributário em cursos de pós-graduação da FGV DIREITO RIO. Professor de direito tributário em cursos de pós-graduação da Pontifícia Universidade Católica do Rio de Janeiro (PUC-Rio), da Ucam, da Universidade Federal Fluminense (UFF), da Escola de Magistratura do Estado do Rio de Janeiro (Emerj) e do Instituto Brasileiro de Mercado de Capitais (Ibmec).

Enrico Estefan Mannino

Master of Laws (LL.M) pela Georgetown University. Bacharel em direito pela Universidade do Estado do Rio de Janeiro (Uerj). Atua como advogado tributarista.

Gypsi Canelli

Graduada em comunicação social, com habilitação em jornalismo impresso, pela Faculdade da Cidade. Atua no mercado editorial como copidesque e revisora de livros tanto nas áreas técnica e científica quanto na literária. Faz parte da equipe da FGV DIREITO RIO e é uma das responsáveis pela revisão do material didático dos cursos de extensão e especialização.

Leila Peccini

Pós-graduada em mercado de capitais pelo Instituto Brasileiro de Mercado de Capitais (Ibmec). Pós-graduada em direito tributário pela Universidade Estácio de Sá (Unesa). Consultora independente na área de fundos de investimento e tributação aplicada ao mercado financeiro e de capitais.

Marcos Correia Piqueira Maia

Mestre em direito pela Universidade Candido Mendes (Ucam). Bacharel em direito pela Universidade Federal do Rio de Janeiro (UFRJ). Advogado.

Marina Cyrino

Master of Laws (LL.M) em *tax law* pela Northwestern University School of Law. Pós-graduada em direito tributário pelo Instituto Brasileiro de Estudos Tributários (Ibet). Graduada em direito pela Universidade do Estado do Rio de Janeiro (Uerj). Atua como advogada.

Ricardo Lacaz Martins

Doutor e mestre em direito econômico e financeiro pela Faculdade de Direito da Universidade de São Paulo (USP). Autor do livro *Tributação da renda imobiliária* (Quartier Latin, 2011).

Valéria Barcellos

Bacharel em direito pela Universidade do Estado do Rio de Janeiro (Uerj). Pós-graduada em direito tributário e em direito societário pela FGV DIREITO RIO. Cursos de especialização: Orientation in the US Legal System (International Law Institute, Georgetown University – Washington DC); Principles of International and Comparative Taxation (IBFD International Tax Academy – Amsterdã). Sócia do escritório Silveira, Athias, Soriano de Mello, Guimarães, Pinheiro & Scaff Advogados desde 2007, coordenando a unidade do Rio de Janeiro.

Tatiana Biar

Mestranda em direito tributário aplicado pela FGV (São Paulo). Pós-graduada em direito corporativo (*Master of Laws* – LL.M) pelo Instituto Brasileiro de Mercado de Capitais (Ibmec). Pós-graduada em direito tributário *lato sensu* pelo Instituto Brasileiro de Estudos Tributários (Ibet). Especialista em direito tributário internacional pela Universidade Federal Fluminense (UFF). Especialista em direito tributário pela FGV DIREITO RIO. Atuou como advogada e coordenadora em grandes bancas jurídicas. Sócia fundadora do escritório Barbosa e Biar Advogados Associados.

Este livro foi impresso nas oficinas gráficas da Editora Vozes Ltda.,
Rua Frei Luís, 100 – Petrópolis, RJ.